어떻게
휘둘리지 않는
개인이
되는가

데카르트

스피노자

칸트

헤겔

어떻게 휘둘리지 않는 개인이 되는가

6인의 철학자가
삶으로 입증한
견고한 나 되는 법

쇼펜하우어

니체

홍대선 지음

웅진지식하우스

일러두기

철학자들의 문장은 한국어 번역본이 있더라도 되도록 따로 번역했습니다.
제가 사용 가능한 유일한 외국어인 영어 번역본을 기준으로 중역할 수밖에
없었음을 밝힙니다. 니체 철학의 경우 백승영 교수의 저술과 강연에 많은
도움을 받았습니다. 은사이신 이기상 교수가 번역한《철학의 뒤안길》은
제가 철학자들의 매력에 빠지는 데 큰 기여를 했습니다.

1. 맞춤법과 띄어쓰기는 현행 국립국어원 맞춤법 규정에 따랐습니다.

2. 인명을 포함한 고유명사는 국립국어원의 외래어표기법에 따랐습니다.
   단, 일부 인명의 경우 보편적으로 통용되는 명칭을 따랐으며,
   외서는 국역본 명칭으로 표기했습니다.

3. 단행본과 잡지는 《 》, 시·단편·오페라는 〈 〉, 철학 명제는 _ ,
   인용은 볼드체, 강조는 ' '로 통일했습니다.

4.《전태일 평전》인용 부분은 전태일 재단으로부터 허가를 받았습니다.

철학자들의 비밀에 독자 여러분을 초대하며

앨프리드 화이트헤드Alfred Whitehead는 '서양철학의 역사는 플라톤 철학에 붙인 각주의 역사'라고 했습니다. 저는 철학은 철학자 개인의 경험에 붙인 각주라고 믿습니다. 거기에는 개인적인 조건과 시대상이 빠질 수 없지요. 인문학은 이야기입니다. 철학자들은 자신의 삶이라는 이야기 속에서 철학이라는 또 다른 이야기를 엮어냈습니다. 저는 독자 여러분과 함께 두 이야기 사이에 숨은 흥미진진한 비밀을 풀어보려 합니다. 거기엔 무미건조해 보이는 철학 이론 아래 숨은 감동이 있습니다.

저는 제 자신을 치유하고 싶어서 이 이야기를 쓰기 시작했습니다. 삶의 고민과 혼란 속에서 헤매다 보니 어느새 '나는 누구인가?', '어떻게 살아야 하는가?'와 같은 원론적인 질문에 빠지게 되었습니다. 도망치려 해도 피할 수 없으니 질문에 똑바로 마주설 수밖에 없었지요. 저는 철학자들의 도움을 받아보기로 했습니다. 그렇게 읽고 쓰다 보니 자연스레 집필이 시작되었습니다.

철학은 진리의 보물찾기가 아니라 태도를 설정하는 작업입니다. 개인의 정체성을 어디에 놓을지 결정할 때 우리는 진정한 '나 자신'으로 거듭날 수 있지요. 이제부터 이야기할 철학자들은 나름의 답을 내는 데 성공했습니다. 그래서 이 책의 또 다른 주제는 '개인의 발견'입니다. 우리는 각자 하나의 개인입니다. 인간론은 동서고금의 철학이 모두 끌어안은 문제지만, 지금 우리가 아는 개인의 개념은 서양 근대철학에서 태동하고 완성되었습니다.

책장을 넘기면 '나'라는 글자가 쓰인 공을 순서대로 주고받은 6명의 유럽 대륙철학자들이 있습니다. 그들의 삶과 사상 중에 지금 우리 인생의 정답이 있으리라는 보장은 없습니다. 그러나 그들이 답을 향해가는 과정은 흥미진진한 참고서입니다. 그리고 그 과정은 우리를 외롭지 않게 해줍니다. 철학도 철학자도 생각보다 가까이 있음을 알게 되니까요. 우리 모두는 한 번 이상 철학자가 될 운명을 타고났습니다.

저는 이 책을 쓰면서 진심으로 즐거웠습니다. 이 즐거움에 여러분을 초대할 생각을 하니 마음이 설렙니다. 글은 혼자 쓰지만 책은 혼자 힘으로 완성할 수 없습니다. 이 책을 엮기까지 저를 지지해준 도서출판 푸른숲 식구들, 큰일 하셨습니다. 글보다 말이 더 많은 작가를 견뎠다는 점에서 고막이 튼튼한 분들이 분명합니다. 맏아들을 미남으로 낳아 키우시고 하늘로 떠나계신 어머니, 놀라운 인내력으로 아직도 지치지 않고 불효자의 편을 들어주시는 아버지, 형에 대한 존경심이 부족하다는 단점이 있지만 나머지는 썩 괜찮은 동생에게도 애정을 보냅니다. 팟캐스트 〈안알남〉 동지들과 청취자분들, 가난한 작가에게 술을 사는 도덕적 행동을 서슴지 않는 올바른 친구와 선배, JY, 마지막으로 지금 당장 이 책을 들고 서점의 계산대로 달려갈 여러분께 깊은 감사를 드립니다.

2018년 7월

홍대선

차례

칸트
나는 신념이다   141

데카르트

René Descartes

1596~1650

나는 주체다

의지를 가지고 태어나는 인간은 없다. 낯선 세상에
알몸으로 던져질 뿐이다. 그러나 다행히도 이
세상에는 먼저 태어난 인간들이 만들어놓은 질서가
있다. 가정, 학교, 예의범절, 종교, 관습 등이 우리를
지름길로 안내한다. 하지만 모든 것이 처음인
어린아이는 아무리 생각해도 동의할 수 없는
어른들의 말을 의심한다.

어른이 되는 길에는 두 가지 방식이 있다. 하나는
순응과 타협이다. 이 과정을 밟으며 우리는
사회공동체의 구성원이 된다. 다른 하나는 의심이다.
의심을 통해 세상 그 누구와도 다른 개인이 된다.

개인은 그냥 주어지지 않는다. 나 자신은 투쟁을
통해 쟁취해야 하는 영토다. 크고 작은 투쟁 속에서
인간은 자기 자신을 확보한다. 그중에서도 투쟁의
전문가들이 있으니, 우리는 이들을 철학자라 부른다.
그들은 광활한 우주 속에 고독하고도 주체적인
'나'를 던지는 일을 감행했다. 감히 의심할 줄 아는
'나'는 근대를 만들었고 현대적 의미의 개인을
탄생시켰다.

데카르트는 두말할 나위도 없는 서양 근대철학의
아버지이자 대륙 합리론의 창시자다. 그는 의심의

철학자다. 인간, 사물, 세계, 신, 심지어 자기
자신까지. 그는 의심의 공격을 버텨내고도 살아남는
확고한 진리를 추구했다. 대륙 합리론은 불확실한
세계에서 반박할 수 없는 진리를 건져내는 작업이다.

데카르트를 두고 흔히 '가면을 쓴 철학자'라고도
한다. 이 말은 '의심하는 철학자'와 동의어다.
인간세계에서 살아가려면 겉으로는 타인의 상식을
의심하지 않는다는 연기를 펼쳐야 한다. 의심할
자유는 고독을 대가로 한다. 고독의 무게에 비하면
가면은 가볍다. 데카르트의 일대기는 한 인간이
막막한 고독 속으로 홀린 듯 걸어 들어간 이야기다.

의심하는 어린이

데카르트는 1596년 3월 31일 프랑스 투렌 지방의 작은 마을 라에유에서 태어났다. 그는 생후 1년 2개월 만에 어머니를 여의었다. 사인은 결핵이었다. 어머니가 돌아가셨을 때 데카르트도 이미 결핵을 앓고 있었다. 데카르트는 아버지 조아생에게 귀한 아들이었다. 시의회 의원이자 법률가로서 사회적 지위는 물론 벌이도 좋았던 조아생은 아들을 살리기 위해 근처의 의사들을 총동원했다. 그러나 '마음의 준비를 하라'는 진단뿐이었다.

다행히 데카르트는 외할머니와 유모의 헌신적인 간병으로 죽음의 문턱까지 갔다가 살아났다. 감격한 아버지는 다시 태어났다는 뜻의 라틴어 레나투스^{Renatus}를 프랑스식으로 바꾼 르네^{René}라는 이름을 붙여주었다. 르네 데카르트라는 이름은 이렇게 지어졌다. 병약하게 태어나 죽을 고비까지 넘긴 데카르트의 몸은 깨지기 쉬운 유리 같았다.

꼬마 데카르트는 걸핏하면 드러누웠고 잠도 많았다. 외할머니와 유모, 하녀들은 그런 데카르트를 먹이고 보살폈다. 그는 유년기 대부분을 여성의 친절 속에서 보냈다. 그래서인지 남성에게 부여된 사회적 권위를 당연시하지 않는 습관이 몸에 배었다. 걷기도 힘든 데카르트는 남자아이들과 뛰놀 수 없었다. 그렇다고 어린아이에게 놀이와 친구가 필요하지 않은 건 아니다.

동네에는 '프랑수아즈'라는 또래 여자아이가 있었다. 그녀는 데카르트가 10살이 될 때까지 소꿉친구가 되어주었다. 첫 우정이자 첫사랑이었다. 그는 유일한 친구 프랑수아즈에게 몹시 의존했다. 얼마나 좋아했는지 혼자 있을 때는 사팔뜨기 인형을 가지고 놀 정도였다. 그녀는 한쪽 눈동자가 안으로 몰리는 내사시였다. 데카르트는 나중에도 그녀를 잊지 못했다.

데카르트는 평생 여성에게 호의적인 감정을 가졌다. 여성의 보살핌과 관심이 없었다면 그는 온전히 자라지 못했을 것이다. 또한 프랑수아즈 덕에 사시인 사람들에게도 호감이 있었다. 데카르트는 당시로서는 특이하게도 장애인에 대한 편견이 없는 삶을 살았다. 그는 여성과 장애인의 정신이 어떤 면에서 일반 남성보다 뒤떨어지는지 발견할 수 없었다.

훗날 데카르트는 그를 위해 일하는 하녀들에게 이상적인 고용주가 되었다. 때가 때인지라, 하녀들이 받는 인격적 대우는 처참한 수준이었다. 그녀들에게 데카르트는 관대하고 친절한 신사였고 하녀의 일을 허드렛일로 치지 않았다. 당당한 업무로 존중하고 감사하게 여겼다. 어린 시절을 돌봐준 유모에게는 유산의 상당 부분을 남겼고 하녀들의 퇴직금도 두둑하게 쳐주었다. 이런 태도는 정치적인 진보성과는 다소 동떨어져 있다. 데카르트는 근거 없는 사회적 믿음을 신뢰하지 않았을 뿐이다. 이런 면에서 그의 사고는 어디까지나 데카르트적이고, 다시 말해 개인적이다.

누워 있으면 생각이 많아지고, 몸이 아프면 예민해진다. 데카르트의 머릿속에서는 자신을 제외한 인간들을 끊임없이 관찰하고 허점을 짚어내는 작업이 거의 매일 계속되었다. 그렇잖아도 어린이는 어른들의 모순을 민감하게 관찰한다. 몸이 약해 허구한 날 누워 있던 데카르트는 생각이 끊길 틈이 없었다. 생각이 꼬리를 물고 의심은 깊어져만 간다. 남의 보살핌에 의존하지 않고는 살아갈 수 없는 아이라면 당연히 생존 공포를 갖게 된다. 한마디로 데카르트는 '맘에 드는 게 별로 없는' 예민한 아이였다.

아버지 조아생은 법학자다. 법이란 정의에 기인한 것이다.

법은 현실의 정의를 구현하기 위해 암기하고 적용하는 방법론이다. 아버지는 법을 집행할 뿐 법의 근본이 되는 정의가 무엇인지 고찰하지는 않았다. 이런 사람에게 끊임없이 "왜?"라고 묻는 아들은 그리 편치만은 않다. 항상 사물과 사람을 의심하고 관찰해서 아버지는 그에게 '꼬마 철학자'라는 별명을 붙여주었지만 결코 칭찬이 아니었다. 아버지는 자식들 중 데카르트를 가장 껄끄러워했다. 형제들도 그를 불편해했다. 종일 어른들을 관찰하고 평가하는 아이가 마냥 귀엽고 가엾기만 할 리는 없었다.

데카르트는 10살이 되자 예수회 계열의 기숙학교 라플레슈에 진학했다. 조아생은 드디어 불편한 시선으로부터 해방될 수 있었다. 라플레슈는 중세 신학을 기반으로 한 스콜라 철학의 명문이었다. 스콜라 철학이란 간단히 말해 기독교의 신학적 믿음을 철학적 방법으로 증명하는 학문이다.

이제 데카르트는 큰일 났다. 집에서야 여자들의 따뜻한 관심 속에 종일 누워 있을 수 있지만 엄격한 기숙학교에서 그런 게 가능할 리 없었다. 스콜라 철학도 이 신동의 기분에 거슬렸다. 스콜라 철학은 결론이 정해져 있다. 하나님이 존재하는 신앙이 최고의 가치라는 결론을 정해두고 목적지까지 가는 과정을 설계해 조립하는 학문이 스콜라 철학이다.

우리의 데카르트에게는 이상했다. 신의 존재하심과 역사하심이 실재함을 왜 의무적으로 증명해야 하는가? 이것은 미리 설정된 결론을 향해 논리를 끼워 맞추는 게 아닌가? 결론은 의문을 해결하는 과정 끝에 도출되어야 자연스럽다. 그러나 결론을 먼저 정해놓고 그 결론을 정당화시키기 위한 과정을 논리적으로 짜 맞추려면 수많은 우회로를 파야 한다. 당연히 부자연스럽다. 속된 표현으로 '말이 길어진다.' 스콜라 철학은 자질구레하고 너저분하다 하여 '번쇄철학'으로 불리기도 한다.

스콜라 철학은 주객이 전도되었다는 점에서 비논리적이기에 역설적으로 논리적이다. 과정을 정당화하기 위해 논리는 고도로 발달한다. 스콜라 철학은 아리스토텔레스의 논리학을 도구로 사용했다. 라플레슈의 논리 기술은 데카르트가 훗날 자신의 철학을 전개할 때 큰 도움을 주었다. 동시에 그는 거의 본능적으로 이 학교가 사기꾼 집단이라고 느꼈지만 내색하지 않았다. 데카르트는 기술에 있어서 라플레슈의 가르침을 고맙게 여겼지만 그들의 주장에는 동의하지 않았다. 진리란 간단하고 명료해야 한다는 점에서 라플레슈의 복잡다단한 논리술은 반면교사가 되기도 했다.

데카르트는 몸이 약한 아이였으므로, 쾌적한 환경을 보장받기 위해 투사보다는 정치인이 되기로 했다. 데카르트는 순종적이고 책임감이 강하며 학구열이 높은 모범생을 연기했다. 과연 라플레슈는 데카르트를 최고의 학생으로 평가했다.

특히 교장선생님은 데카르트의 학습 속도와 올곧은(!) 신앙에 감탄했다. 그래서 데카르트는 교장으로부터 원하는 만큼 잠을 자도 좋다는 특권을 받아냈다. 데카르트는 학교에서 하루 10시간 이상 취침했고 이는 평생의 습관이 되었다. 데카르트는 깨어 있을 때도 누워 있곤 했다.

데카르트는 남몰래 반란을 꿈꿨다. 유럽의 기숙학교에서 교사의 권위는 절대적이었다. 학교에 갇힌 학생들에게 교사는 어버이이자 질서였다. 머릿속에서는 무한한 생각의 자유를 누릴 수 있던 데카르트는 '이것이 진리다'라는 선생들의 가르침을 겉으로만 믿는 척했다. 속으로는 교사들 몰래 자연과학 서적과 학교에서 금서로 지정한 책들을 읽었다. 바야흐로 과학 혁명의 시대였다. 니콜라우스 코페르니쿠스는 혁명을 대표하는 인물이었다. 그는 태양을 비롯한 천체가 지구를 중심으로 돈다는 천동설을 뒤집고 지구가 태양을 돈다는 지동설을 주장했다. 하나님이 에덴동산을 짓고 아담과 이브를 창조한 이 땅이 우주의 중심이 아니라는 생각은 예수회 학교에서는 불온사상이나 마찬가지였다.

데카르트는 라플레슈에서 혼자 수학에 몰두하기도 했다. 우주의 언어인 수학은 어른들의 거짓말이 끼어들 틈이 없는 세계다. 반면 인간의 가르침에는 한계가 있다. 인간은 착각하고 실수하며 성급한 믿음에 빠져드는 주관적인 존재다. 내가 보편적인 진리로 받아들일 앎은 그 누구보다 먼저 내 자신을 납득시켜야 한다. 병약한 만큼이나 신중한 데카르트는 그러한 진리를 추구할 자유를 얻기 위해서는 투쟁보다는 기다림이 낫다는 결론을 내렸다. 그는 라플레슈의 기숙사에서 8년을 마음껏 누워 지내다가 졸업했다. 그리고는 계획대로 상쾌하게 스콜라 철학을 내다 버렸다. 그는 《방법서설》에서 회고한다.

**나는 스승들의 예속에서 벗어나도 좋을 나이에 이르자마자
그동안 배워온 공부를 완전히 버렸다.**

데카르트는 사회적·종교적 권위를 가진 사람일지라도 남이 하는 말은 웬만해선 믿지 않겠노라고 다짐했다. '불온사상'과 까탈스러운 고집이 그를 근대철학의 아버지로 만들 줄은 그 자신도 몰랐을 것이다.

나는 주체다

의심하는 여행자

조아생은 라플레슈를 졸업한 데카르트를 이번에는 파리에 있는 푸아티에대학교에 진학시켰다. 전공은 법률이었다. 법조인 집안이었기에 공부 잘하는 아들이 자신의 뒤를 이어주길 바랐을 것이다. 데카르트는 1616년, 푸아티에대학교를 졸업하고 나서야 집으로 돌아왔다.

하지만 데카르트는 아버지가 바라는 대로 법조인이 되기는 커녕 집안에서 수학과 철학 공부에만 몰두했다. 문제는 이 일을 뒹굴거리면서 했다는 것이다. 철학과 수학 연구는 다시 말하면 생각이고 생각은 누워서도 할 수 있다. 하지만 그가 무슨 생각을 하는지 보는 사람은 알 수 없다. 그저 빈둥대는 것처럼 보일 뿐이다. 이런 자식에게 부모는 흔히 '밖에 나가 놀기라도 하라'고 말한다. 데카르트의 아버지도 마찬가지였다.

아버지 조아생은 견문을 넓히라는 명목으로 두둑한 용돈과 하인까지 딸려 아들을 다시 한 번 파리에 보냈다. 말이 좋아 견문이지, 대차게 놀아보라는 뜻이었다. 데카르트는 이왕 이렇게 된 거 제대로 놀겠다고 결심했다. 이 역시 그만의 학구적인 면모다. 그는 '논다'는 것이 무언지 알기 위해 그야말로 지칠 때까지 놀았다.

데카르트는 아버지의 돈으로 그럴듯한 말을 타고 파리 시내를 누볐다. 파리 사교계에서 춤꾼이 되었고 틈만 나면 도박을 즐겼다. 그래도 연구하는 기질을 못 버렸는지, 도박을 하는 김에 수학적 확률 연구도 동반했다. 도박판은 확률 이론의 가장 좋은 실험장이다. 데카르트는 파리에서 꽤나 고급스러운 것을 배우기도 했다. 당대 최고의 무술가이자 현대 펜싱의 형태를 만든 몇 사람 중 하나인 샤를 베나르^{Charles Besnard}에게 직접 검술 지도를 받았다. 전해지는 바로는 데카르트의 펜싱 실력이 상당했다고 한다.

데카르트의 일생에 활극이 없었다고 믿으면 오산이다. 전기 작가 아드리앵 바이에^{Adrien Baillet}가 기록한 데카르트의 일화는 흥미진진하다. 그는 술에 잔뜩 취한 사내가 자신과 함께 있던 여인을 모욕하자 즉시 결투에 돌입했다. 데카르트는 압도적인 실력으로 적의 검을 쳐서 떨어뜨렸다. 그는 제압한 적을 찔러 죽이지 않고 칼 몸통으로 상대를 찰싹찰싹 때리며 말했다.

아름다운 여인에게 뼈와 살이 발리는 모습을 보여주기에는 더러운 놈이라서 살려준다.

한껏 멋들어진 승리 선언을 보건대 데카르트는 프랑스식 기사도를 제법 익혔음이 틀림없다. 그는 몇 년 후 강을 따라 이동하는 배 위에서도 펜싱 실력을 발휘했다. 데카르트는 하인 한 명과 함께 여행 중이었다. 그의 고급스러운 옷차림을 본 네덜란드 선원들은 하인과 프랑스어로 대화하는 데카르트를 부유한 외국 상인으로 착각했다.

이때 데카르트는 네덜란드에서 생활하며 현지 언어를 익힌 채였지만 그 사실을 꿈에도 모른 선원들은 자기들끼리 거리낌 없이 대화를 나누었다. 외국 부자의 현금과 패물을 빼앗고 죽여서 물고기 밥으로 던져주자는 음모였다. 데카르트는 짐짓 딴청을 피우다가 선원들이 결투에 불리한 위치에 서 있을 때를 놓치지 않고 그들이 움직일 공간을 빼앗으며 뛰어들었다. 그러고는 순간적으로 검을 뽑아 그중 한 명의 목에 칼끝을 겨눠 배의 난간으로 몰아붙였다. 그는 살벌한 경고로 도적들의 기를 꺾었다.

데카르트

전쟁에 지친 몸이지만 내놈들 모두를 즐거이 도륙할 만큼
지치지는 않았다.

데카르트는 즉석에서 한 명을 차출해 쪽배의 노를 저어 자신과 하인을 안전한 뭍으로 옮기게 했다. 그는 기술만 뛰어났지 여러 명을 차례로 쓰러트릴 만한 체력과는 거리가 먼 약골이었으니 현명한 처사였다. 서양 무술계에서는 본격적인 결투가 없었던 두 번째 사건을 더 높이 친다. 허를 찌르며 유리한 위치를 선점했고 적이 무기를 뽑을 타이밍을 박탈했으며, 결과적으로 피를 보지 않고 여러 명을 제압해서다.

데카르트는 유흥이 무언지 확인하고 나자 모닥불에 물을 끼얹듯 흥미를 잃어버렸다. 그는 파리 사교계에 발을 끊었다. 그렇다, 우리는 이상한 사람의 이야기를 하는 중이다. 철학자 치고 일반적인 사람은 별로 없다. 데카르트는 다시 집에 돌아와 수학과 철학의 문제에 천착했다. 말이 연구고 사유지, 겉으로는 아무것도 안 하는 것처럼 보인다. 아버지 조아생의 속이 뒤집어지는 동안 세상에 대한 데카르트의 의심은 깊어져만 갔다.

나는 내 자신과 세계라는 커다란 책에서 찾아낼 수 있는
지식 이외에는 어떠한 다른 지식도 탐구하지 않기로

나는 주체다

결심했다. 나는 내 청춘의 나머지를 여행하면서 궁정과 군대를 둘러보고, 다양한 신분의 사람들을 만나보고 경험을 쌓으며 운명이 강요하는 시련 속에서 내 자신을 시험해보며 어디에서건 내가 만나게 되는 것들에 대해 스스로 깊이 생각해본 후 그것으로부터만 무언가를 알아내기로 결심했다.

《방법서설》에 적힌 이 회상은 사실상 책의 머리말이자 선언문이다. 우리에게 세상은 어려운 질문을 맞닥뜨리고 스스로 대답해야만 하는 미지의 여행지다. 삶의 길에서 믿고 의지할 수 있는 최후의 1인은 우리 자신이다. 살아보지 않고는 삶의 지혜를 얻을 수 없다. 의문 없는 진리를 위해서는 의문 속으로 스스로를 던져야 한다.

데카르트는 궁정과 군대를 경험해보고 싶었지만, 귀족이 아닌 데다 평민에 무경력자인 청년을 불러줄 리는 없다. 그래서 그는 군대에 자원해서 들어갔다. 병약하고 눕기 좋아하는 데카르트가 군대라니 좀 의아하기도 하다. 하지만 지금처럼 해외여행이 자유롭지 않았던 이때에는 넓은 세상을 경험하기 위해 군대보다 적합한 곳은 없었다. 더욱이 당시 유럽 세계는 신교^{개신교}와 구교^{가톨릭}로 분열돼 '30년 전쟁'이라 부르는 종교전쟁을 치르는 중이었다. 이런 시절에는 개인 여행자보다 군인이 더 안전하다.

데카르트는 대학을 나온 덕에 장교로 입대가 가능했다. 그는 용병단*에 지원했다. 철학자가 용병이라니? 지금의 관점으로는 생뚱맞다. 당시 용병단은 사기업이지만 그래도 군대이기 때문에 행정을 처리하거나 사내 규율을 다루는 장교 인력이 필요했다. 용병 기업 소속의 화이트컬러 사무원이라고 생각하면 자연스럽다. 그는 용병이 된 덕분에 네덜란드, 독일, 헝가리, 오스트리아를 구경할 수 있었다. 데카르트는 '세상의 관광객'이다.

입대보다 놀라운 점은 그가 선택한 직장이 네덜란드 마우리츠 공 휘하의 개신교 용병단이었다는 사실이다. 데카르트는 가톨릭을 믿는 프랑스인이었다. 흔히 데카르트를 무신론자였다고 오해하지만 그는 죽을 때까지 신앙을 유지했다. 다만 의심쟁이였던 만큼 편견에서 자유로웠을 뿐이다. 그는 신의 존재는 믿었지만 믿음의 방식은 다를 수 있다고 생각했다. 가톨릭과 개신교가 무엇 때문에 서로를 살상하고 파괴하는지, 대체 개신교도들이 구하려는 게 무엇인지 옆에서 확인하고 싶었다.

서양 근대철학의 아버지가 열정 노동을 감수했다는 사실은 재미있다. 당시 하급 장교는 급료가 있었고 고급 장교는 없었다. 신분 있고 부유한 젊은이들에게는 급료보다 군 경력이 훨씬 가

• 데카르트가 살았던 유럽의 근세는 용병의 전성시대였다.

치 있었다. '경력직'이 되기 위한 대가였다. 데카르트는 당연히 편하고 여유로운 고급 장교직을 택했다. 아버지 조아생은 기뻐서 자리에서 벌떡 일어날 지경이었으리라. '이놈이 드디어 정신 차렸구나!' 그래도 데카르트는 여지없이 군대 막사의 야전 침대에 누워 지내는 요령을 터득했다.

약 2년간 개신교 군대에 종군한 데카르트는 이번엔 편을 바꿔 가톨릭 사령관 밑에서도 복무했다. '눈으로 보고 확인하고 싶다'는 그의 입장을 모르는 사람에게는 박쥐나 다름없는 행동이었다. 개신교군과 가톨릭군을 다 경험한 데카르트는 흥이 떨어졌다. 그는 신비주의 비밀 결사 기독교 단체인 장미십자회에도 접촉을 시도했다. 누가 무엇을 왜 믿는지 직접 겪어보고 판단하겠다는 심산이었다. 그러나 장미십자회 입단에는 실패했다.

데카르트는 한겨울 막사에 누워 있는 시간을 좋아했다. 이렇게 굼뜬 양반에게 본격적인 전투 기록이 있을까? 데카르트가 탄 함선이 해적들의 공격을 받고 물리쳤다는 기록은 있으나, 이때 데카르트가 어떤 활약을 했는지는 아쉽게도 기록에 없다.

용병이라는 단어에 어울리는 거친 이미지가 전혀 없다고는 할 수 없다. 데카르트는 문과생들에게는 가공할 만한 적이다. 그는 한겨울 부대 막사에서 최종병기를 발견했다. 그날도 어김없이 누워서 눈동자를 굴리던 중이었다. 그런데 파리 한 마리가 그의 신경을 건드리는 게 아닌가? 예민한 사람이라면 바로 파리를 잡으러 일어났을 테고 무딘 사람이라면 파리 한 마리쯤 대수롭지 않게 여기고 잠이나 청했을 터다. 그러나 데카르트는 게으른 동시에 예민했다.

그는 단 한 번 최소한의 동작만으로 파리를 물리치고 싶었다. 그래서 천장에서 여기저기 위치를 바꿔 앉는 파리를 누운 채로 주시했다. 머릿속으로 가로선과 세로선을 사용해 파리가 앉은 곳의 정확한 위치를 측정하다가, 문득 수학적 깨달음을 감지했다. 그가 그린 좌표는 흔히 함수 그래프라고 불리는 X축과 Y축의 직교 좌표계다. 서구에서는 이것을 '데카르트 좌표'라고 부른다.

데카르트가 좌표계를 도입함으로써 수학은 막힌 둑이 터지듯 발전했다. 덕분에 라이프니츠 같은 후배들이 미적분을 만들수 있었다. 좌표를 사용하지 않았다면 수학의 형태는 지금보다훨씬 복잡해졌을 것이다.

데카르트는 군 생활에도 회의를 품었다. 아무리 요령을 피워도 지켜야 하는 규율이 많은 군 생활은 그의 컨디션을 서서히 떨어뜨렸다. 1617년 네덜란드에서 외출을 나갔을 때의 일화가 있다. 거리에 걸려 있는 네덜란드어 벽보를 보고 호기심이 발동해, 지나가던 행인에게 프랑스어나 라틴어로 내용을 번역해줄

나는 주체다

것을 부탁했다. 우연히도 행인의 정체는 홀란트대학교의 학장이
자 수학자였던 이삭 베크만^{Isaac Beeckman}이었다. 베크만은 데카르
트에게 자신이 제시하는 기하학 문제를 하나 풀면 청을 들어주
겠다고 했다. 여기저기 기웃거리는 외국인 건달을 놀려주려는
심산이었다.

　베크만이 제시한 문제는 그때까지 아무도 풀지 못한 문제였
다. 그러나 데카르트는 몇 시간 만에 문제를 풀어와 베크만을 놀
라게 했다. 이 사건으로 시작된 베크만과의 친교는 역시 군 생활
보다는 수학을 포함한 진리 탐구가 즐겁다는 확신을 주었다.

　데카르트는 어느 날 군대 숙영지에서 자다가 너무 추워서
장작이 다 탄 벽난로 속으로 들어갔다. 그곳에서 자다 깨기를 반
복하면서 세 번의 생생하고도 기이한 꿈을 꾸었다. 첫 번째 꿈속
에서 데카르트는 심한 바람이 부는 거리에 서 있었다. 귀신이 나
타나 그의 눈앞을 지나쳐갔다. 공포에 휩싸인 데카르트는 얼른
도망치려고 했지만 오른쪽 다리에 힘이 없어 똑바로 서거나 걸
을 수가 없었다. 그때 데카르트가 다녔던 대학교가 눈앞에 나타
났고, 그는 열린 대학 문 안으로 도망쳐 들어갔다. 학교 안에서
알 수 없는 힘에 현혹되고 바람에 떠밀려 다니다가, 다시 거리로
내쳐졌다. 몸을 움직일 수 없는 데카르트와 달리 거리에 있는 사
람들은 모두 아무 문제없이 걷고 있었다.

데카르트

두 번째 꿈에서 데카르트는 무시무시한 폭풍을 응시했다. 그러나 데카르트는 두려워하지 않고 폭풍을 분석하려고 노력했다. 꿈속에서 그는 폭풍의 원리를 과학적으로 간파했다. 신이나 악마의 분노가 아니라 자연법칙에 의한 현상임을 깨닫고 나자 폭풍은 더 이상 위협적인 존재가 아니었다.

세 번째 꿈에서 데카르트는 탁자를 내려다보고 있었다. 그 위에는 사전 한 권과 또 다른 책 한 권이 놓여 있었다. 그 책에는 의미심장한 글귀가 적혀 있었다.

나는 어떤 삶을 살아야 한단 말인가?

그때 낯선 사람이 데카르트에게 다가와 시 한 편을 보여주었다. 잠에서 깬 데카르트는 꿈속에서 본 시의 내용을 정확히 기억하지 못했지만, 꿈의 의미를 해석하려 애썼다. 첫 번째 꿈은 과거에 저지른 오류에 대한 경고로 받아들였다. 확고 불변한 진리를 찾지 못하면 바람에 날리는 처지라고 본 것이다. 두 번째 꿈은 인간과 자연을 분석하고 판단할 이성적 능력이 자신을 찾아왔다고 해석했다. 마지막 꿈은 참된 진리를 탐색하라는 명령으로 받아들였다.

그런데 누가 경고하고 명령하며, 이성을 부여하는가? 현대

나는 주체다

를 사는 우리는 꿈이 현실의 욕망을 투영한 결과임을 잘 안다. 하지만 데카르트는 프로이트가 《꿈의 해석》을 내놓기 전에 태어났다. 기독교인인 그에게 꿈은 하나님의 계시일 가능성이 높았다. 꼭 계시라는 법은 없지만 아니라는 보장도 없었다. 데카르트는 퇴역한 후 이탈리아와 스위스로 성지순례를 떠났다. 그렇게 신성한 장소와 유물을 접했지만 하나님의 응답은 없었다. 이제 믿을 건 자신뿐이었다.

의심하는 은둔자

데카르트는 이제 세상 대신 자신이 던지는 질문에 답하기로 결심했다. 고독한 학문 연구에 평생을 바치기로 한 것이다. 이제 의심할 것은 스스로의 관념과 상식이었다. 데카르트는 자신만 믿는 사람이 아니라 자기 자신도 못 믿는 인물이었다.

데카르트가 살던 시대는 의심하지 않는 시대였다. 개신교와 가톨릭은 의심 없이 서로를 악마라고 믿었다. 국제적인 종교전쟁인 30년 전쟁은 유럽의 총기와 화포를 크게 발전시켰다. 스페인에서는 마녀재판이라는 명목으로 연일 사람들이 산 채로 불탔다.

맹목적인 확신은 사실 의심에서 나온다. 자신이 틀리지 않았다는 보장은 없다. 불안을 덮기 위해 확신하고, 확신을 확신하

나는 주체다

기 위해 불같은 증오를 내뿜는다. 철학은 시대와 분리될 수 없다. 데카르트의 의심은 냉소가 아니다. 오히려 그의 의심은 정직함의 측면에서 혁명적이다.

26살의 데카르트는 고향으로 돌아와 가족들과 담판을 지었다. 자신은 법조인으로 먹고살 생각이 없으며, 앞으로 홀로 학문 연구에만 매진하다 죽겠다고 선언했다. 폭탄발언이었다. 이제 군 경력도 쌓고 왔겠다, 건실한 법조인이 돼서 데카르트 가문의 당당한 구성원이 되는가 싶더니, 평생 혼자 놀겠다니. 아버지 입장에서는 보수적인 신학교와 법대를 차례로 보낸 보람이 없었다. 그것도 모자라 데카르트는 자기 몫의 유산 상속분을 당당하게 요구했다.

가족의 기대를 배신하는 일은 누구에게나 고통스럽다. 가족이 느낄 실망감을 잘 알기에 당사자도 스트레스에서 자유로울 수 없다. 그러나 자신의 길을 포기하는 쪽이 더 고통스럽다면 선택하고 감수해야 한다. 우리는 종종 자신과 타인 모두의 기대를 충족시킬 수 없는 순간을 만난다. 양손에 떡을 쥘 순 없다. 데카르트는 한쪽을 끊어냈다. 집안의 돈을 챙겨 유럽의 학문이 모여드는 파리로 향했다. 철학, 수학, 물리학 연구를 시작했고 의학에도 관심을 뒀다.

데카르트는 세 번째 찾은 파리가 놀기에는 좋아도 연구와 사색에는 어울리지 않는다는 사실을 새삼 깨달았다. 파리는 너무 붕 뜬 곳이었다. 게다가 파리는 사교계라는 게 있어서, 아는 척하고 아는 척 당하기가 여간 귀찮은 게 아니었다. 그는 자기 자신으로 고독하게 살 수 있는 최적의 장소를 골랐다. 외국이고, 소박하면서도 문명적인 소비 생활을 충분히 누릴 수 있는 곳이어야 했다. 그답게 의심에 의심을 거듭하며 신중하게 고른 국가는 네덜란드였다.

여기라면 누구의 방해도 받지 않고 사유에 전념할 수 있으리라.

데카르트는 네덜란드의 분위기에 높은 점수를 매겼다.

네덜란드 사람들은 다른 사람들의 일보다 자기 자신의 일에 더 관심이 많은 위대한 민족이다.

네덜란드인들은 근면하고 착실했으며 욕망에도 정직해 저축을 중요시했다. 칼뱅주의의 영향이다. 멋쟁이들이 깃털을 세운 채 레이더를 켜고 다니는 파리와는 반대였으니, 데카르트의 입맛에 딱 맞았다.

37

데카르트는 사유를 위해 누구에게도 방해받지 않길 원했다. 이왕 숨기로 한 거 확실히 숨어야 했다. 그는 중간이란 게 없는 사람이다. 그는 심지어, 편지 수신인을 가명으로 해놔 아는 사람들하고만 편지를 주고받을 정도로 폐쇄적이었다. 그는 편지를 통해 자신의 사상을 발표하고 반박을 재반박했다. 기꺼이 심부름해줄 몇 명만 남긴 것이다. 그것으로도 모자라서 이사를 반복하며 주소지를 바꿨다.

이때부터 그 유명한 10시간 취침 생활을 시작했다. 물론 자는 것만 10시간이고 누워 있는 시간은 따로 있었다. 겉으로 보기에는 동화책에나 나올 법한 게으름뱅이다. 하루는 친구가 정오 즈음에 그를 방문해 침대에 누워 있는 걸 보고 깜짝 놀라 물었다.

자네 어디 아픈가?

아프긴. 지금 일하는 중이라네.

생각만으로 일할 수 있다니, 과연 철학은 그의 체질에 딱 맞는 직업이었다. 돈을 벌어 나쁠 게 없으니 의사 업도 겸했다. 데카르트의 진료는 용하기로 소문나 그는 의사로 꽤 각광받았다. 그의 처방 신조는 확고했다.

잠이 최고다.

데카르트는 환자에게 일단 누워서 잠을 자고 푹 쉬라는 처방을 남발했다. 스스로 크고 작은 병치레를 잠과 휴식으로 해결해왔으니 남에게도 통하리라 믿었다. 이걸로 용하다는 소리를 들을 수 있었다니 믿기지 않지만 의외로 이 처방은 잘 들어맞았다.

게으르다고 해서 사랑과 연애가 없지는 않았다. 데카르트는 암스테르담에서 헬레나 얀스 반 데 스트롬Helena Jans van der Strom이라는 이름의 여인을 만났다. '방콕' 철학자답게 문밖에 나가서 이성을 만나지는 않았다. 헬레나는 그가 고용한 가정부였다.

두 사람은 종교가 달라 결혼은 하지 못했다. 데카르트는 가톨릭, 얀스는 개신교도였다. 대신 반 동거 생활을 하는 사실혼 관계를 유지했다. 재미있게도 맞벌이 부부였다. 얀스는 데카르트가 이사를 갈 때마다 따라와 새로운 동네에서 하녀로 취직했다.

데카르트의 나이 서른아홉, 두 사람 사이에서 딸이 태어났다. 데카르트는 첫사랑인 프랑수아즈의 이름을 따 프란시느Francine라는 이름을 지어주었다. 그는 딸 바보였다. 데카르트의 편지를 추적해보면 그가 딸을 무릎 위에 앉혀 놓고 놀아주는 시

나는 주체다

간을 사랑했음을 알 수 있다. 원칙적으로는 사생아라서 겉으로는 조카인 셈 쳐야 했지만 말이다.

당대 유럽에서 교육의 메카는 아무래도 파리였다. 데카르트는 딸의 교육을 위해 오래전에 흥미를 잃은 파리로 다시 가려고 계획했다. 이사 준비까지 마쳤건만 프란시느는 그만 성홍열에 걸리고 말았다. 그녀는 열병을 이기지 못하고 5살의 나이로 사망했다.

데카르트는 인생에서 가장 슬픈 사건이 딸의 죽음이라고 밝혔다. 몇 날 며칠을 쓰러져 서럽게 울었다고 한다. 이후 데카르트는 의학을 버리게 된다. 딸도 살리지 못했는데 누구를 치료한단 말인가? 몇 년 후 딸의 죽음을 극복하지 못하고 헬레나와도 결별했다. 헬레나는 재혼했고, 데카르트는 이후 평생 독신을 고집했다.

딸 프란시느가 2살이었을 때, 그는 드디어 자신의 철학을 정리하는 데 성공했다. 그런데 발표가 임박해 갈릴레이가 지동설을 주장했다가 신성모독으로 유죄 판결을 받았다는 소식을 들었다. 갈릴레이의 모든 저작은 마녀의 물건으로 간주되어 불태워졌다. 충격을 받은 데카르트는 그다운 결정을 했다. 그렇다면 과학을 포기하겠다는 것이었다.

데카르트는 느긋하고 안전한 생활을 포기할 성격이 아니었다. 손님이 드나드는 일도 번잡한데 여기저기 끌려다니며 변명을 해야 하다니. 그러나 철학만은 포기할 수 없었다.

데카르트는 의심에 의심을 거듭한 끝에, 그 어떤 의심의 공격을 받더라도 굳건히 남는 철학적 진리를 발굴하고자 했다. 그는 자신이 성공했음을 확신했지만 당장 발표하는 일은 포기했다. 그는 친구에게 보낸 편지에서 느긋하게 말했다.

나의 바람은 그저 조용하게 사는 것뿐일세.
세상은 나의 생각을 내가 죽은 지 백 년이 지나서야
보게 될 걸세.

궁금증이 폭발한 친구는 그렇다면 자기가 빨리 죽여주고 싶다는 반응을 보였다. 책을 내놓지 않으면 가만 있지 않겠다는 친구들의 격려와 보챔에 데카르트는 마음을 돌렸다.

1637년이었다. 라틴어가 통용되던 당대의 학계에서는 파격적이게도 프랑스어로 된 책이 발표되었다. 편견이 없었던 데카르트는 스스로 가톨릭이면서도 모국어로 성경을 번역하는 개신교의 유행을 채택했다. 이미 개신교도들과 교우 관계를 맺은 경험이 있는 데카르트였다. 그는 일정 수준 이상의 지적 능력이 있는 사람 누구나 이해할 수 있어야 진정한 철학이라고 믿었다. 그

나는 주체다

리하여 역사상 최초의 프랑스어 철학서가 나타났다. 책의 제목은 무척 길다.《이성을 잘 인도하고, 학문에 있어서 진리를 탐구하기 위한 방법서설, 그리고 이 방법에 관한 에세이들인 굴절광학, 기상학 및 기하학》이를 과감히 줄여서 보통《방법서설》이라고 한다. 이 책은 가히 핵폭탄이었으며, 이로써 서양 정신사는 돌이킬 수 없는 강을 건넌다.

데카르트

의심하는 철학자

데카르트 철학의 방법론은 편집증적으로 보이지만 실은 명징하다. 신이 분명히 있다는데, 스콜라 철학의 증명 방식은 지나치게 복잡했다. 진리를 찾는 논증은 단순하고 명확해야 한다. 데카르트는 지저분한 중언부언은 논증이 아니라 땜질이라고 판단했다.

진리는 직선적이어야 한다. 진리를 밝히는 철학의 논증 역시 직선적인 전진이어야 말이 된다. 장애물이 있다면 피하지 말고 분쇄해야 한다. 그는 비정하게 선언했다.

상식은 세계에서 가장 잘 팔려나가는 상품이다. 왜냐하면 모든 인간은 스스로를 상식이 잘 갖춰진 사람이라고 확신하기 때문이다.

데카르트는 상식부터 의심하기 시작했다.《방법서설》의 주제는 제목 그대로 방법론이다. 확고한 진리에 다다르기 위해 상식을 포함한 모든 지식에 회의적인 태도를 가져보자는 것이다. 이를 '방법론적 회의'라고 한다.

데카르트는 사유의 첫 번째 전체로 수학은 확실하다는 점을 바닥에 깔아놓았다. 수학은 거짓말을 하지 않는다. '1+1=2'라는 사실은 우주 어디에서도 진리다. 그렇다면 수학적이지 않은 다른 명제들은 어떤가?

1) 감각

인간의 감각은 믿을 수 없는 것 아닌가?

나뭇가지를 물속에 넣으면 구부러져 보인다.

데카르트는 추위를 잘 타지만 어떤 군인은 추운데도 술에 취한 채 잘 돌아다닌다. 그렇다면 눈은 차갑다는 명제는 진리일 수 없다. 사람에게는 차갑지만 북극곰에게는 포근할 수도 있다.

현대의 과학적 상식을 가져와보면 태양은 빨갛다는 것도 거짓이다. 개에게 태양은 밝을 뿐 빨갛지 않다. 곤충의 눈으로 보는 컵과 사람의 눈으로 보는 컵은 다르다. 감각은 상대적이므로 어느 감각이 더 진리에 가깝다고 말할 수는 없다.

기억도 마찬가지다. 데카르트는 자신이 사시인 사람들에게

데카르트

호감을 느끼는 이유를 추적했다. 어릴 적 프랑수아즈와의 추억 때문이었다. 객관성을 방해하는 것은 기억도 마찬가지. 사시인 사람을 무시할 필요는 없지만 마찬가지로 사시가 아닌 사람이 그만 못할 이유도 없다.

2) 현실

이 세상이 꿈이나 허상이 아니라는 보장이 있는가? 내 인생이 하나의 긴 꿈이 아니라는 보장이 있는가? 장자의 '내가 나비인가, 나비가 나인가'라는 명제와 상응한다.

3) 존재

그렇다면 나는 존재하는가? 내가 느끼는 사물이 불확실한 감각에 의해 다르게 느껴진다면 이것들은 확실한 존재자가 맞는가? 그렇다면 나 자신은 왜 존재한다고 확신할 수 있는가?

4) 수학적 진리

사실 어떤 사악한 악마가 있어서, 2+3=4인데 5라고 느끼게 하는 게 아니라는 보장이 전혀 없지는 않다. 시간과 공간마저도 확실하게 존재한다고 말할 수 있는가? 신은 선량하다고 보장할 수 있는가? 아니라면 신은 악의에 찬 악마라 불려야 마땅하다.

45

이 대목은 신학자들과 기독교 사회를 크게 도발했다.

《방법서설》이 독자에게 안내하는 가장 확실한 하나의 진리란 무엇인가? 그런 것이 하나라도 있는가? 있다. 회의하는 나 자신이다. 데카르트는 다음과 같이 말했다.

> 내가 모든 것이 거짓이라고 생각하려 애쓰는 동안, 이렇게 생각하고 있는 나야말로 반드시 무언가여야 한다는 것을 깨닫게 되었다. 바로 이 진리, 즉 '나는 생각한다, 고로 존재한다'는 것이야말로 견고하고 확실해 아무리 과장이 심한 회의론자라도 이 진리를 뒤집어엎을 수 없다는 것을 알게 되었고, 그래서 나는 이것을 내가 찾아 헤매던 철학의 제1원리로 받아들이는 데 망설일 필요가 없다고 판단했다.

제아무리 모든 것을 의심해도 그러한 생각을 하는 나 자신, 생각하는 나는 존재하지 않을 수 없다. 모든 것을 무너뜨린 뒤 철학의 세계에서 하나의 단단한 토대가 마련된다. 《방법서설》은 사유의 무게 중심을 신의 섭리에서 인간의 이성으로, 그중에서도 개인의 자아에 옮겨놓았다. 그리스 로마 시대의 철학도 인간 중심적이었지만 여기서 인간은 공동체의 구성원이지 개인은 아니었다. 데카르트는 처음으로 근대의 인간성을 확보했다.

데카르트

신의 권위를 무너뜨린 개인의 주체적 사유는 데카르트 철학의 기본 전제다. 여기서 그가 천주교도였던 사실은 중요치 않다. 이후 서양에서 철학은 '나'의 사유로 재구축되는 세계관으로 정의된다. 데카르트 사후 교황청은 그의 책을 금서로 지정했지만 시대적 조류를 막지는 못했다. 이렇게 예술적 유행으로 시작된 인본주의*는 철학의 지원 사격을 얻었다.

《방법서설》 출간 4년 후, 데카르트는 그의 철학의 완성판인 《성찰》을 내놓았다. 《방법서설》이 방법론적 회의를 통해 어디든 갈 수 있게끔 건설한 환승역이라면, 《성찰》은 데카르트 사상의 종착역이다. 이후 많은 철학자가 목적지는 달라도 환승역만큼은 충실히 이용하게 된다.

데카르트의 책은 들불 같은 비난을 받는 동시에 베스트셀러가 되었다. 다음 세기인 18세기가 되어서야 대학 커리큘럼에 포함되었지만 반응은 생전부터 뜨거웠다. 데카르트는 모든 게 성가셨다.

나는 똑똑하지 못해서 책을 썼다. 침묵했더라면 간직할 수 있었을 그 고요와 평안을 더 이상 누릴 수 없게 됐다.

• 르네상스

나는 주체다

그의 철학이 신성모독이라는 주장이 수준이 낮아도, 가만히 있으면 신성모독을 인정하는 꼴이기에 데카르트는 어쩔 수 없이 서신을 통해 입장을 표명하고 반박했다. 하나하나가 공연한 일이었다.

데카르트는 분명 독특하다. 학자라면 누구나 자신의 주장이 얼마만큼 반응을 이끌어내는지 궁금하고, 또 욕망하기 마련인데 이렇게 명예욕이 없기도 힘들다. 데카르트가 철학을 시작한 목표는 싯다르타와 비슷하다. 누구보다 먼저 스스로에게 자신과 우주에 대한 확고한 믿음을 주기 위해서였다.

데카르트의 철학은 내용도 내용이지만 가독성에 있어서도 당대에 놀라움을 안겼다.《방법서설》과《성찰》은 교양은 있지만 지식인이 될 기회를 얻지 못한 여성들에게 널리 읽혔다. 여성도 철학을 이해할 수 있다니 신기한 일이었다. 당대만 하더라도 여성은 상류층에 한해 교양을 쌓을 뿐, 기숙학교에서 전문적인 교육에 매달리는 경우가 없었다. 데카르트의 저서는 왕족들에게 특히 인기였는데, 그중에는 영국의 공주도 있었다. 찰스 1세의 조카 엘리자베스였다.

엘리자베스는 데카르트의 철학을 익힌 후 서신으로 토론을 신청했다. 만만한 상대라 여긴 데카르트는 흔쾌히 도전을 받아들였다. 그러나 엘리자베스는 데카르트 철학의 치명적인 허점을

Cogito ergo sum

코기토 에르고 숨 즉, "나는 생각한다, 고로
존재한다"라는 문장은 데카르트 철학의
핵심이다.《방법서설》4부에 처음 등장한 이
명제는《철학의 원리》1부 7장에 라틴어로
다시 정리된다. 라틴어는 문법적으로 주어를
생략할 수 있다. 데카르트 철학의 대명제는
주어 ego에고 즉, '나'를 뺀 가장 간단한 형태인
Cogito ergo sum, 혹은 한 단어만 남겨
'코기토'로 통용된다.

정확히 파고들었다.

데카르트는 영혼과 물질을 물과 기름처럼 나눈 철저한 심신 이원론자였다. 데카르트에게 자아, 즉 '나 자신'은 영혼이었다. 육체는 물질에 불과하며 영혼의 명령에 따라 움직이는 기계 장치였다. 데카르트의 논리대로라면 영혼은 자신의 육체와도 분리되어 있어야 한다. 그런데 어떻게 신체를 조종하는 걸까? 데카르트는 고심 끝에 탈출구를 찾았다. 인간의 머릿속에 영혼과 육체가 연결되는 송과선이라는 통로가 있어서 이성이 물질을 움직일 수 있다는 논리였다.

데카르트는 물질의 본질을 '연장'으로 보았다. 연장은 무언가가 멈추지 않고 이어져 작든 크든 부피를 이룬 상태를 뜻한다. 그렇기에 물질은 자기 크기^{부피}만큼의 공간을 차지한다.

엘리자베스 공주는 편지에 "저는 비물질적인 존재가 육체를 움직이고 육체에 의해 영향을 받는 능력을 가졌다는 것보다는, 영혼이 질료와 연장을 가졌다는 것을 더 쉽게 용인할 수 있겠어요"라고 썼다. 정확한 지적이다. 연결 통로가 송과선인지는 중요하지 않다. 영혼이 물질에 접촉해 영향을 끼치려면 영혼도 물질이어야만 한다. 할 말을 잃은 데카르트는 어물쩍 넘어갔다.

더 이상 그 문제로 어여쁜 머리를 괴롭히지 마세요.

松果腺

송과선은 순우리말로 솔방울샘이라고 한다.
송과선은 코기토와 함께 데카르트 철학의
중요한 상징이다. 송과선은 의학적으로
척추동물의 뇌에 위치한 작은 내분비
기관이지만 데카르트의 주장 덕에 유사 과학과
신비주의의 단골 소재다.

아마도 데카르트가 여성 앞에서 느긋함을 잃은 몇 안 되는 순간일 것이다. 그의 철학에 도사린 두 번째 약한 고리는 바로 하나님의 존재다.

데카르트는 대명제 'Cogito ergo sum'에서부터 다시 세계를 복원했다. 생각하는 내가 있으므로 나의 감각도 존재한다. 내가 감각하는 물질세계도 존재한다. 내가 존재할 공간도 존재한다. 이런 식으로 모든 것의 근원이자 '보증인'인 신의 존재까지 증명한다.

데카르트의 신 존재 증명은 이렇다. 불완전한 인간이 로고스*를 이용해 그 누구도 의심할 수 없는 진리를 추산해냈다. 그렇다면 그 로고스를 제공하는 의심할 수 없는 완전자가 있어야 한다. 그 존재가 바로 신이라는 논증이다. 그럴듯하지만 순환논증이다.

데카르트의 논리대로라면 글쓴이는 절세미남이다. 상상이 아니라 거울을 노려보고 판단한 결과다. 나는 미남이라 하고 친구들은 추남이라고 하지만 미남도 추남도 남자라는 사실이 중요하다. 글쓴이는 스스로가 남자임을 잘 안다. 뿐만 아니라 이 책을 집필하는 것으로 보아 문자를 사용할 줄 안다. 이렇게 충

• 이성

데카르트

분한 지각 능력을 가진 사람이 미남과 추남의 차이도 구분 못할 리 없으므로 글쓴이는 스스로의 판단대로 미남이다. 이런 식으로 얼마든지 논리를 한 바퀴 돌릴 수 있다.

순환논증이 아니라고 해도 로고스가 성경에서 말하는 여호와 하나님이라는 보장은 없다. 왜 이성 그 자체나 우주의 원리라고 하면 안 되는가? 플라톤은 이것을 '이데아'라고 했고 인도 철학에서는 '브라만'이라고 한다. 기독교의 유일신이어야만 할 이유가 없다.

기독교 신앙을 가진 지식인들은 데카르트의 신 존재 증명을 접하고 광막한 블랙홀과 마주한 기분이었다. 데카르트 자신도 독실한 기독교인이었다. 그는 자신의 철학이 필연적으로 던지는 문제제기에 막막한 공포를 느꼈다. 그는 스스로를 "혼자서 칠흑 같은 어둠 속을 걸어가는 인간"이라고 표현했다.

의심스러운 세계

데카르트의 팬 중에는 스웨덴의 크리스티나 여왕도 있었다. 스웨덴은 여성은 왕위 계승을 하면 안 된다는 조항이 없는 나라였다. '북구의 사자' 구스타브 2세 왕이 아들 없이 요절했을 때 왕위는 자연스럽게 딸 크리스티나의 것이 되었다.

크리스티나는 데카르트에게 직접 지도를 받고 싶었다. 그녀는 데카르트에게 스웨덴으로 와달라고 간곡히 부탁했다. 데카르트는 고민에 빠졌다. 스웨덴은 추운 나라다. 그가 가장 싫어하는 게 바로 추위였다. 그는 친구에게 보내는 편지에서 이렇게 말했다.

날씨가 추우면 생각을 할 수 없다네.

데카르트

그러나 신중한 데카르트는 스웨덴 생활을 곰곰이 상상했다. 그는 평생 여성에 대한 인상이 좋았다. 할머니, 유모, 하녀에게 따뜻한 보살핌을 받아온 그는 크리스티나가 왕이 아니라 여왕이라는 사실에 끌렸다. 더욱이 아무리 스웨덴이라도 궁정이라면 따뜻하고 쾌적할 게 분명해 보였다.

스웨덴은 인구 밀도가 희박한 나라였다. 당시 인구는 200만이었다. 프랑스인 데카르트에게 스웨덴은 멀리 떨어진 한적한 시골로 생각됐다. 그의 책은 이미 유럽 사회의 논란을 불러일으켜 그를 여러모로 성가시게 했다. 마침내 데카르트는 스웨덴에서라면 편안히 연구할 수 있겠다는 결론을 내렸다.

1649년 9월, 데카르트는 스웨덴으로 향하는 배에 올랐다. 배는 폭풍우와 해일을 헤치며 데카르트의 뱃속을 뒤집어놓았다. 도시 괴담처럼 이때의 사건에 대해 전해오는 이야기가 있다. 괴담에 따르면 데카르트는 선원들에게 어린 딸과 함께 여행 중이라고 했다. 그런데 딸 프란시느는 이미 열병으로 죽은 지 오래였다. 데카르트는 너무 조용히 선실 안에만 있었고 밖으로 한 발자국도 나오지 않았다. 아무리 생각해도 이상했던 선원은 호기심을 참지 못하고 데카르트의 선실에 몰래 들어갔다. 그들은 그곳에서 시계태엽과 금속 부품으로 만들어진 모조 프란시느를 발견했다. 자동 기계 인형이었다. 그런 종류의 물건을 처음 보고 놀란 선장과 선원들은 이 물건이 악마의 작품임에 틀림없다며, 이따위 요물을 배에 싣고 있다간 큰일이 난다고 소리치곤 바다에 던져버렸다.

어디까지가 사실인지는 알 수 없다. 데카르트가 자동 기계인형을 제작했다는 이야기는 인체가 기계 장치라는 그의 철학에 불만을 품은 반대자들이 지어낸 괴담일 수도 있다. 데카르트가 어린 시절 소꿉친구 프랑수아즈를 좋아할 때 이미 그녀를 본 따 사시로 만든 인형과 혼자 놀곤 했던 이력을 볼 때, 조금은 과하다 싶을 정도로 유난한 그의 성격과 들어맞는 이야기이기는 하다.

만약 이 이야기가 사실이라면 데카르트는 가는 길부터 불의의 테러를 당한 셈이다. 이후 스웨덴에 도착한 데카르트는 경악했다. 용병 생활을 하며 겪은 추위는 댈 것도 아니었다. 스웨덴에 대한 그의 평은 걸작이다.

바위와 얼음 한가운데 있는 곰의 나라

때는 9월이었으니 점점 추워질 일만 남았다. 크리스티나 여왕은 데카르트가 겪어온 귀부인들과는 전혀 다른 사람이었다. 굴직한 이목구비에 남자 같은 풍체를 지닌 그녀는 지나치게 건강하고 씩씩했다. 의학자들은 그녀가 남성호르몬 과다분비 증상을 겪었을 거라고 말한다. 실제로도 그녀는 레즈비언이었을 확률이 높다. 자서전에는 자기 안에 남자의 인격이 따로 있다고도 이야기했다. 백작 부인 에바 스파레^Ebba Sparre와의 연정은 공공연한 비밀이었고 공식 석상에서도 남장을 즐겼다.

여왕은 데카르트를 워낙 존경한 나머지 새벽 5시부터 그의 강의를 듣길 원했다. 늦잠의 황제 데카르트는 아침형 인간의 신하가 되고 말았다. 그는 일주일에 3번 새벽에 일어나 4시 30분에 마차를 타고 5시부터 여왕을 가르쳤다. 죽을 맛이었다. 그는 여왕의 체력과 열정 때문에 시름시름 앓더니 마침내 급성 폐렴에 걸리고 말았다. 그제야 큰일이 났다 싶었던 여왕은 자신의 주치의를 서둘러 보냈지만 소용없었다. 데카르트는 1650년 2월에 53세의 나이로 사망했다. 스웨덴으로 떠난 지 불과 몇 개월 후였다.

크리스티나 여왕은 데카르트를 죽게 했다는 이유로 꽤나 욕을 먹었다. 그래도 그녀를 탓하기는 애매하다. 여왕은 유럽 제일의 석학들을 교사로 초빙했지만 앓다가 죽은 이는 데카르트뿐이었다. 체력이 그렇게나 약한 사람인 줄 몰랐을 것이다.

데카르트는 죽어서도 편치 못했다. 스웨덴은 유럽의 변두리였다. 스웨덴 궁정은 세계적인 지성이 이곳에 있었다는 자랑스러운 사실을 증거로 남기고 싶었다. 데카르트의 시신은 머리를 잘리는 참사를 당했다. 스웨덴은 데카르트의 유해를 고국에 돌려보내고 해골은 따로 보관했다. 두개골에는 데카르트의 것이 맞다는 사실을 보증하는 스웨덴 왕궁 근위대장의 서명까지 새겨져 있다. 데카르트의 머리는 수백 년간 타향살이를 하다가 지금은 고국 프랑스에 돌아와 있다.

데카르트의 진정한 유산은 상상력이다. 그는 비록 공포에 떨었지만 그의 철학은 감히 신까지도 의심할 수 있는 저항의 스케일을 제시했다. 존재자는 고독하고 세계는 의심스럽다. 데카르트로부터 서양 근대철학이 시작되면서 이제 의심스러운 세계를 그냥 두고 볼 수 없게 되었다.

스피노자

Baruch De Spinoza
1632~1677

스피노자는 철학자들의 철학자다. 철학자라는
동물은 서로 핏대를 세우고 반박하는 게 일이다.
어쩌면 철학자란, 남이 만들어놓은 작업물에 기대서
교묘하게 빈틈을 찾아 사상가의 반열에 오르는 데
성공한 인간들인지도 모른다.

그러나 스피노자는 다르다. 그는 서양철학의
도그마와 종교의 모순을 점잖게 깨트린다. 그의
철학은 고상한 동시에 야성적이라는 평가를 받는다.
스피노자는 공포에 질리지도 흥분하지도 않는다.
철학자들은 시대를 초월해 서로 경쟁심을 느끼지만
스피노자의 지성 앞에서는 태도가 달라진다.
스피노자를 흠모하거나, 외면하거나, 그렇지 않으면
원색적으로 비난한다. 그에 대한 태도를 분명히 하지
않으면 철학자가 될 수 없다.

헤겔 역시 노선이 분명하다.
"스피노자주의자가 아니면 철학자가 아니다."
이런 면에서 스피노자는 진정한 스타다.

베르그송은 이렇게 말했다.
"모든 철학자에겐 2명의 철학자가 있다.
자기 자신과 스피노자다."

러셀은 말했다.
"윤리학에 있어 스피노자보다 뛰어난 철학자는
없다."

스피노자의 특별함은 천재성만으로 설명되지
않는다. 그는 자신의 정체성을 스스로 규정하기
위해 가족과 사회의 기대를 배신하고 고독을
감수하며 살았다. 진정한 개인주의자만이 선량한
사회구성원이 될 자격을 얻는다. 즉, 자신의 욕망을
소중히 하는 사람만이 타인의 이기심도 존중할
수 있다. '너 자신과 너의 삶을 사랑하라'는 말을
하기 위해 그토록 많은 비난과 저주를 받은 사람은
없다. 또한 그럼에도 불구하고 그토록 초연했던
사람 역시 없다. 스피노자의 초연함은 속세를 떠난
한가로움과는 다르다. 오히려 불처럼 치열하고
얼음처럼 냉철하다. 그의 삶과 사상 모두가 그렇다.

복 받은 아이

바뤼흐 스피노자는 1632년 11월 24일, 데카르트의 《방법서설》
이 출간되기 5년 전 네덜란드 암스테르담에서 태어났다. 그런데
스피노자 이 양반, 무려 친할머니가 마녀재판을 받아 화형당한
분이다. 그의 인생을 알려면 먼저 스피노자 가문의 이력부터 살
펴야 한다.

　스피노자 가문의 고향은 스페인으로, 그들은 스페인계 유대
인이다. 따라서 당연히 스페인의 유대교 커뮤니티에 속해 있었
다. 근대가 시작되면서 보수적인 스페인에서는 마녀사냥이 빈번
하게 일어났고 이러한 분위기 속에서 스피노자 집안은 1492년
에 추방 명령을 받았다. 이베리아반도에서 그들이 어딜 가겠는
가? 그나마 문화와 언어가 비슷한 포르투갈에 갔다. 스피노자가

태어나기 140년 전의 일이다.

스피노자, 포르투갈어로 '지 에스피노사' 가문은 한동안 포르투갈에서 잘 지냈다. 그러나 마르틴 루터의 종교개혁이 일어나고 유럽이 종교 전쟁에 휩싸이면서 사정은 달라졌다. 신교와 구교는 서로를 사탄의 하수인이라고 믿었다. 관대함과 포용은 먼 나라 이야기가 됐다.

가톨릭을 사수한 이베리아반도는 요즘 식으로 말하면 '극우주의'에 빠졌다. 마녀사냥 열풍이 불면서 포르투갈에서는 국내 유대인들에게 선택을 강요했다. 개종이냐, 죽음이냐.

죽을 수는 없으니 온 유대인 가문이 가톨릭으로 개종했다. 물론 속으로는 은밀하게 유대교를 믿었다고 추정된다. 사실 추정 정도가 아니라 기정사실로 취급된다. 이렇게 개종을 택한 유대인들을 스페인어로 콘베르소, 포르투갈어로 콘베르수라고 한다. '전향자'라는 뜻이다. 어디까지나 공식 명칭이다. 실제로는 '마라노'라고 불렸다.

마라노는 돼지를 일컫는 말인데, 보다 구체적으로는 우리에서 똥과 진흙에 뒹구는 돼지를 뜻한다. '나는 네가 속으로는 유대교도라는 사실을 알고 있다'는 태도다. 이런 취급을 받더라도 무엇보다 생존이 중요했다. 포르투갈인들 입장에서 '마라노'를 해코지할 이유가 딱히 없었으나 스피노자의 할머니는 마녀

스피노자

로 고발당했다. 스피노자 집안에 시집온 유대인 여성은 대체 어떤 죄목으로 고발당했을까? 정확한 자료가 없지만 추측은 가능하다.

유대교인들은 재산이 좀 있어도 바지런하다. 언제 다 빼앗길지 모르기 때문이다. 자신에게 적대적인 사회에서 심리적 안정감을 갖는 가장 빠른 방법은 현금을 쟁여놓는 일. 그래서 유대교 여성들은 남편의 벌이가 충분해도 소소한 부업을 많이 했다.

유럽에서 여성의 부업 중 대표적인 것이 민간요법이었다. 약초를 팔거나 배합해서 복용시키고, 때로는 우리나라의 시골에서 벌침을 놓듯 사혈* 서비스를 하기도 했다. 당장 마녀나 사악한 마법사 하면 생각나는 게 부글부글 끓는 녹색이나 보라색 수프인데 실체는 그냥 탕약이다. 마녀사냥에 걸리면 코에 걸면 코걸이, 귀에 걸면 귀걸이 격으로 탈이 나도 악마의 의지고, 나으면 악마의 능력이 된다.

스피노자의 할머니 역시 정확한 사연을 알 순 없지만 어떻게든 엮여 처형당했다. 스피노자의 할아버지 이삭은 아내가 화형대에서 산 채로 불타는 모습을 뜬 눈으로 목격했다. 남은 자식들이라도 살려야 했던 이삭은 엄마 잃은 아이들을 끌어안고 프

• 묵은 피를 빼는 것.

나는 개인이다

랑스로 향했다.

프랑스로 간 이유는 그 유명한 앙리 4세의 낭트 칙령 때문이었다. 낭트 칙령은 종교의 자유를 보장한다는 유럽 최초의 법령이다. 그러나 가톨릭과 개신교 둘 중 하나를 선택할 권리였지, 유대교는 해당 사항이 없었다.

스피노자 가족은 1615년에 가까스로 삶의 기반을 마련한 프랑스에서마저 추방 명령을 받았다. 이제 남은 곳은 네덜란드뿐이었다. 네덜란드는 종교의 자유가 허용되는 가장 개방적인 국가였다. 특히나 상공업의 발달을 위해 유대인 이민을 환영했다. 유대인은 유럽과 중동 어디에나 있기 때문에 그들을 포섭하면 국제적인 유대 무역 네트워크의 허브가 될 수 있다.

네덜란드는 아예 팔을 걷어붙이고 히브리어로는 '지나고그synagogue', 네덜란드어로는 '요덴뷔르트jodenbuurt'라고 하는 유대인 자치 거주 구역을 허가해주기까지 했다. 스페인과 포르투갈에서 추방된 유대인을 모조리 받아들일 기세였다.

스피노자 가족은 일단 발길이 닿는 대로 로테르담에 당도했다. 이삭은 거기서 가족이 굶어죽지 않을 기반을 만들기 위해 고군분투했다. 그가 선택한 답안은 상업이었다. 이삭은 포르투갈에서 프랑스를 거쳐 네덜란드에 이민을 오기까지 어디에서 무엇을 구매하고 어디에는 무엇을 팔면 좋을지 면밀히 관찰해

왔다.

이삭은 로테르담에서 자식들을 위해 미친 듯이 일했다. 그리고 1627년, 마침내 생명의 기운이 다해 로테르담에서 삶을 마감했다. 내쫓기고 빼앗기는 처절한 삶이었다. 그는 공동묘지 바깥의 공터에 묻혔다. 아직 유대인이 묻힐 수 있는 묘지는 마련되지 않았기 때문이다. 유대인들은 사망한 이삭의 시신에 포경 수술을 했다. 포르투갈에서는 감히 포경 수술을 할 수 없었기 때문에 죽어서라도 유대인으로 묻히라는 뜻에서였다. 이 일은 네덜란드의 품에 안긴 유대인들이 자신들의 정체성에 얼마나 집착했는지를 보여준다.

아버지 이삭의 사업체를 물려받은 큰아들 미겔은 이를 악물고 일했다. 미겔 가족은 마침내 국제 무역 도시 암스테르담에 입성하는 데 성공했다. 스피노자는 할아버지가 사망한 뒤 5년 후 암스테르담 유대인 거주지, 이제는 부유해진 집안에서 둘째 아들로 태어났다.

미겔은 아이의 이름을 '바뤼흐'로 지었다. 히브리어로 복 받은 자라는 뜻이다. 우리 식으로는 복돌이나 만복이 정도 되는 이름이다. 한국어 성서에는 '바룩'이라는 이름으로 등장한다. 라틴어로는 베네딕투스다. 스페인어로는 베네딕토, 포르투갈어로는 베네디토 혹은 확 줄여서 벤토라 부른다.

스피노자의 모국어는 가족들이 집안에서 대화하는 언어인 포르투갈어였고 포르투갈어 이름으로 불렸다. 복. 이제 집안이 헤쳐온 공포와 고난은 끝났다는 선언이기도 했다. 스피노자의 세대만큼은 편안히 복을 누리길 믿고 또한 바랐을 것이다.

미겔은 훗날 둘째아들 스피노자가 유대인 커뮤니티를 뒤집어놓는 것으로도 모자라 전 유럽에 맞서 홀로 사상의 전쟁을 치를 줄은 꿈에도 몰랐을 것이다. 개인의 자유와 존엄성을 위해 인간은 어디까지 고독을 감수할 수 있을까? 우리는 스피노자를 통해 그 한계를 어림잡을 수 있다.

모두의 스피노자

네덜란드의 개방성은 유명하지만 태생적으로 개방적인 민족은 없다. 지금은 민족적 습관이자 어느 정도는 관념이 되었지만 이때는 아니었다. 개방도 폐쇄도 관념이 되기 전까지는 실용적 이유에서 시작된다.

네덜란드는 스페인과 포르투갈에서 도망 온 유대인들에게 꿈의 땅이었다. 네덜란드는 유대인을 사랑하지도, 종교적 자유를 지금처럼 당연시하지도 않았다. 다만 상업 네트워크가 필요했을 뿐이다. 이런 미묘한 기류를 유대인들이 몰랐을까? 암스테르담의 유대인들은 네덜란드에서만큼은 쫓겨나지 않기 위해 암묵적인 태도를 합의했다. '까불지 않는다.'

그들은 지나고그 바깥에서는 네덜란드 사회에 토를 달지 않고 유순하게 굴었다. 그러나 자치권을 허락받은 내부에서는 급격히 우경화되었다. 그들은 콘베르소, 콘베르수 들이다. 이베리아반도에서는 유대교를 버린 '전향자'들이었지만 유대인의 기준에서는 '변절자'였다.

한 번 변절한 사람들은 과거를 부정하기 위해서라도 강경해진다. 과거 우리 역사의 친일파들이 친일을 반공으로 덮기 위해 어떤 짓을 했는가. 그들은 '애국자'임을 증명하기 위해 이승만과 성조기 앞에서 감동의 눈물을 흘릴 정도로 스스로를 개조했다. 나치에 순응했던 프랑스인들은 독립 후 적폐 청산 목록에서 빠지자마자 나치 잔당은 모두 때려죽여야 한다며 악을 썼다.

17세기 암스테르담의 유대인들이 그랬다. 그들은 역사상 어떤 유대인들보다도 더 강력하게 유대교 외의 가치를 배척했다. 지나고그 바깥에서 유순했던 만큼이나 내부에서는 극우주의가 당연시되었다. 1632년 출생해 암스테르담 지나고그의 일원이 된 스피노자는 이런 분위기를 순순히 체화하기에는 지나치게 좋은 두뇌를 타고났다. 재능이 곧 저주가 되는 가장 좋은 예가 스피노자다.

노숙 생활을 하다가 번듯한 집을 얻게 되었다고 생각해보자. 이것만은 반드시 구비하고 싶었을 가구나 가전이 있을 것이다. 이를테면 냉장고 정도는 반드시 집안에 두고 싶지 않을까?

지나고그에서도 그렇게 원하는 존재가 있었다. 자신들을 일으켜 세워줄 무리의 지도자, 지나고그를 제2의 예루살렘으로 부흥시켜줄 율법학자 겸 장로 즉, 랍비였다.

지나고그인들은 랍비가 되어줄 뛰어난 아이를 물색했다. 누구겠는가? 이 이야기의 주인공인 스피노자다. 스피노자는 5살 때 이미 랍비로 낙점되었다. 데카르트가 《방법서설》을 출간해 평지풍파를 일으킨 해다. 그러나 방법론적 회의의 태풍은 지나고그엔 불어오지 않았다.

스피노자는 머리가 좋았다. 미래를 미리 이야기하자면 히브리어 교본을 썼고 모국어는 포르투갈어와 네덜란드어였으며 글은 라틴어로 썼다. 스페인어, 프랑스어도 조금 할 줄 알았다. 이외에 그리스어로도 책 읽기가 가능했지만 그리스어는 대충 하다가 말았다. 이유는 간단하게도 '재미가 없어서'였다.

아버지 미겔은 성공한 무역업자여서 스피노자의 교육비를 감당할 수 있었지만, 스피노자는 이미 한 가정이 아니라 지나고그의 미래였다. 돈 있는 유대인 상인들이 십시일반으로 스피노자에게 최고의 교육을 제공했다. 수학, 광학, 물리학, 종교학, 어학 등이었다. 어학의 경우는 원어민 선생님을 수입해 붙여줄 정도였다. 스피노자는 5살 때부터 한 명의 개인이 아닌 공동의 자산 취급을 받았다.

나는 개인이다

스피노자는 호기심을 참지 못했고, 참지 않으며 자라났다. 네덜란드라는 특유의 환경 속에서 가톨릭교도는 물론 다양한 교파의 개신교도들과 교류했다. 심지어 소수파인 퀘이커교도와도 알고 지냈다. 물론 스피노자는 최고의 랍비를 목표로 한 철저한 유대교 교육을 받으며 자랐다.

유대교 교육의 '하늘 천 따지'는 히브리어로 '타나그'라고 부르는 구약성서 달달 외우기였다. 그런데 스피노자는 아무리 생각해도 구약에 동의할 수가 없었다.

먼저 인격신. 신이 있을 수는 있겠다. 그런데 신이 왜 하나의 인간에 해당하는, 그것도 화 잘 내는 남성의 인격이어야 하는지 의아했다. 그는 수학적으로 접근해 신이 '인격'이 아니라 수학적 질서일 수도 있다고 생각했다.

아무 이유 없이 인간과 삶이 있을 수 없다 치자. 세상 모든 게 꼭 지금 이 상태로 존재해야 한다면 이유가 있어야 할 텐데 그러면 '아버지의 아버지의 아버지의 아버지…'가 있어야 하고 '이유의 이유의 이유의 이유…'가 있어야 한다. 모든 것에 원인이 있어야 하고 그 모든 원인의 최종적인 근원이 신이라 치자.

그런데 신이 왜 인간의 형상과 성격을 지닌 캐릭터여야 한단 말인가? 물론 구약 말씀에 야훼가 자신의 모습으로 아담을 빚었다고 기록되어 있지만 증거 있는가? 구약 자체가 그 증거라

하지만 글쓴이가 일기장에 "나는 오늘도 성인군자였다"라고 적는다고 정말 성인군자가 되지는 않는다.

_ 과연 신이 존재하는가?
_ 어떻게 신 존재 증명을 할 것인가?

위의 두 질문은 접근법이 완전히 다르다. 스피노자가 보기에 어른들의 가르침은 신이 존재한다는 결론을 미리 정해놓고, 왜 존재하실 수밖에 없는지를 설명하는 식이었다. 결론에 과정을 맞추는 것이다.

소년 스피노자의 눈에는 기이했다. 이건 증명이 아니다. 인간과 우주가 어떤 존재이고 왜 그런지 사유를 전개하다가 그 사유의 끝에서 신이 있겠다는 결론이 나오면 있는 것이요, 없다는 결론이 나오면 없는 게 아니겠는가! 추론이 먼저고 결론이 나중이어야 하지 않은가? 이런 태도를 소년 스피노자는 유일신이 지배하는 유럽 대륙에서, 그것도 가장 보수적인 유대인 공동체 내에서 가졌던 것이다. 그의 정신세계는 어려서부터 반항적이었다.

청소년에게는 자신만의 세계가 있다. 남들의 세계와 충돌할 때 굴복하기도 하고 타협하기도 한다. 안타깝게 소멸할 수도 있지만 어른이 되기 전까지는 비교적 안전하다. 자신만의 세계는 취미의 형태로도 나타난다. 스피노자는 청소년기에 빛에 심취했다. 순수하고 결백한 질서 같으면서도 신비한, 물질인 듯 아닌 듯 자연을 비추는 그것. 빛을 모으고 퍼트리고 가두며 수학적 영감을 불러일으키는 그것은 렌즈였다.

렌즈는 갈릴레이 이후로 천체 관찰의 도구로 주목받은 망원경의 핵심 부품이었다. 요즘으로 치면 반도체 정도에 해당하는 첨단 산업 제품이다.

원래 유럽과 아라비아의 유대인들은 만일의 사태에 대비해 외지에 무일푼으로 추방당해도 먹고살 수 있도록 확고한 직업 기술 하나를 연마하면서 성장하는 게 불문율이었다. 보통 서민층 유대인은 기능공이 되었고, 상류층은 거칠게 나누면 변호사와 의사 둘 중 하나였다.

스피노자는 자신의 의지로 유리 세공을 배웠다. 렌즈를 깎기 위해서였다. 자식 이기는 부모 없다고, 아버지 미겔도 스피노자의 고집을 꺾지는 못했다. 무엇보다 렌즈라면 최고급 과학 제품이었으니 다른 걸 시킬 명분도 못 됐다.

스피노자에게 렌즈란 무엇이었을까? 요새로 치면 피규어나 프라모델과 비슷하다. 렌즈는 어떻게 깎느냐에 따라 빛의 범위와 성격을 변화시킨다. 각도와 빛의 밀도가 정확히 비례하는 렌즈의 이런 수학적 특성 때문에 스피노자는 렌즈 오타쿠가 되었다. 그에게 빛은 장난감이었다.

렌즈를 깎는 도구는 값이 꽤 나갔다. 정밀 기계란 것은 지금도 상당히 고가에 해당한다. 유리 제품은 대롱을 통해 입으로 부는 방식으로 이탈리아 유리 장인들이 만드는데, 렌즈의 초기 형태도 이렇게 만들어졌다. 아버지 미겔은 아들을 위해 이것을 따로 직수입품 목록에 추가시켰고 스피노자는 하루 종일 렌즈를 깎으며 놀았다.

스피노자는 17세였을 때 인생 최초의 부침을 겪게 된다. 형이 폐병으로 사망하고 만 것이다. 이 집안이 폐에 있어서 운이 안 좋다. 훗날 스피노자 역시 규폐증에 의한 결핵으로 사망한다. 스피노자는 좋아하는 철학과 외국어를 공부하고 취미로 렌즈 세공을 하다가 갑자기 장남이 되어 버렸다. 이제 얘기가 달라진다. 아버지 미겔은 사업을 이어받게 하기 위해 스피노자를 강제로 붙잡아 경영 수업을 시켰다. 후계자 없는 사업은 미래가 없다. 물려주지도 못할 사업에 왜 인생을 매몰하겠는가. 사업가에게 사업은 인생이다.

헌데 이러면 유대교 공동체 구성원들이 서운해진다. 스피노자는 애초에 랍비가 되기로 한 애가 아니었냐는 말이다. 사업가 되는 거 보자고 이 청년이 자라는 모습을 지켜본 게 아니었다.

나는 개인이다

지나고그의 원로들은 그들대로 스피노자를 랍비로 키우길 원했다.

그러니 갈등은 필연이었다. 지나고그에서 유대인이 '내 자식'만 외치긴 힘들다. 그렇다고 남의 집 자식을 업어 올 수도 없는 노릇이다. 아버지는 아버지대로, 공동체는 공동체대로 스피노자를 소유하려고 했다. 그의 일상은 경영 수업과 랍비 수업이라는 양극단으로 쪼개져 버렸다. 여기에 스피노자 개인은 없었다.

누구의 것도 아닌 스피노자

가업을 물려받을 필요가 없는 둘째 아들의 위치는 무척 쾌적했
건만, 지나고그 차기 수석 랍비 자리에다 아버지의 사업체까지
떠맡게 되면서 스피노자의 스트레스는 커져만 갔다. 그러던 중
스피노자의 나이 21살에 아버지가 큰아들과 같은 폐질환으로
세상을 뜨고 말았다.

졸지에 가업을 이어받게 된 스피노자에게 예상치 못한 공격
이 들어왔다. 여동생이었다. 지나고그는 보수적인 종교 공동체
이자 자치 구역이었다. 그럼에도 네덜란드의 경제법에서조차 자
유로울 수는 없었다. 여동생은 유대인인 동시에 개방적인 네덜
란드에서 자란 여성이기도 했다. 유산 상속에서 딸만 배제되어
야 한다는 법이 없었다.

서양사에 손꼽히는 천재 스피노자는 동생이 오빠와 상의도 없이 소송으로 건 싸움을 받아주었다. 그는 법정에서 여동생 측에 언변으로 압승을 거뒀다. 그러나 정작 소송에서 이기고 나자 모든 게 우스워졌다. 함께 자란 혈육의 몫을 빼앗아 뭐할 것이며, 재산은 있어 봐야 어쩔 것인가? 어차피 재산은 그에게 짐이었다.

당시에는 자본금과 경영이 분리될 수 없었다. 무역상에게 신용은 곧 그의 자산이다. 상인 가문 출신에게 재산 상속은 가업 승계와 동의어다. 자산 보유량과 경영은 함께 굴러가는 바퀴다. 그런데 경영에는 채무도 포함된다. 사업의 크기를 늘리려면 빚을 져야 했다. 야심찬 상인이었던 아버지 미겔에겐 채무도 많았다.

스피노자는 여동생에게 재산권과 함께 모든 것을 넘겨주기로 했다. 그러나 여동생은 경영 책임을 스피노자에게 떠맡긴 채 유산만 모두 차지해 버렸다. 정말이지 예상치 못한 결과였다.

자금 없이 경영권만 떠안은 스피노자는 남동생을 이끌고 고군분투했지만 적자는 걷잡을 수 없이 늘어났다. 조용히 진리를 탐구하는 삶을 꿈꿨던 스피노자에게 2차 파도가 공격해 들어왔다. 유대인 공동체는 기어이 스피노자를 랍비로 만들 참이었다. 지나고그의 원로들은 스피노자에게 특별한 임무를 맡겼다. 아침마다 유대교 기도 낭송으로 이웃 유대인들을 깨우는 일이었다.

스피노자

한마디로 인간 수탉이었다. 죽을 맛이었다.

경영 적자는 쌓여가고 아침마다 자기 생각엔 틀렸다고 판단되는 구약을 낭송하던 스피노자. 그는 이 모든 것에서 해방될 필요를 느꼈다. 애초에 경영을 싫어했고 돈놀이는 더욱 혐오했다. 성공한 상인의 후계자답지 않게 스피노자는 정직한 노동을 좋아하는 성품이었다.

법정에서 스피노자의 마법이 시작되었다. 스피노자는 일단 파산 신고로 신용불량 등록을 해놓았다. 뒤이어 자식이 빚마저 인수인계할 수 없다는 주장을 관철시켰다. 그렇다면 여동생을 제외한 온 가족이 무일푼이 된다. 그래서 어머니 몫의 유산은 지켜내기로 했다.

빚은 돈이며 돈은 화폐다. 화폐는 기본적으로 '이 화폐로 얼마의 현물을 바꿀 수 있다'는 현물을 근거로 한다. 이걸 가지고 법정 분쟁에 존재^{어머니}와 비존재^{아버지}의 철학적 개념을 끌어온 것이다. 채권자 측 변호인단의 입장에서는 도무지 질 수가 없는 소송이었으나 스피노자는 독보적인 말솜씨로 그들을 유린하며 빚에서는 해방되고 유산은 지켜내는 비현실적인 일을 해냈다.

빚을 안 갚는 스피노자의 행동을 도덕적 해이로 볼 수도 있다. 어쨌거나 이제 스피노자에겐 노동으로 먹고사는 일이 남았다. 다행히 스피노자에게는 렌즈 세공 기술이라는 정직한 밥벌

79

이 수단이 있었다.

이 모든 난리통을 통과하는 와중에 그는 실연을 겪게 된다. 스피노자는 클라라라는 소녀와 연애 중이었다. 스피노자는 부드럽고 지적인 미남에 부유한 상인의 후계자였다. 그런데 이 남자는 기껏 지킨 재산권을 여동생에게 주고 빚쟁이가 되더니, 치열한 법정 소송을 거쳐 겨우 렌즈 세공사로 먹고살 미래를 남겨놓았다.

한 번의 연애가 결혼으로 이어지던 시절이었다. 렌즈 세공은 전문성이 있었지만 어쨌거나 노동이었다. 클라라는 노동의 삶을 선택한 스피노자를 재빨리 탈출하고, 경영권을 물려줄 사업체가 있는 집안의 대학생과 결혼했다.

클라라를 속물이라고 비난할 수도 있겠지만 정작 스피노자는 담담하게 받아들였다. 그는 소박한 삶을 살고 싶은 자신의 욕망과 자본가의 아내로 살고 싶은 클라라의 욕망을 선악과 귀천으로 구분 짓지 않았다. 개인의 욕망은 범죄가 아닌 한 불가침의 영역이다. 누구도 자신의 욕망을 해명할 의무는 없다.

이별 후 조금 고독해진 스피노자는 데카르트의 《방법서설》과 《성찰》을 읽게 된다. 철학적 상상력의 스케일을 맛본 그는 진정한 해방을 맞기 위해 일전했다. 유대 공동체와의 결별이었다. 목표는 분명했다. '내 뜻대로 철학적 진리를 추구할 수 있는 나'

　　　　　　　　　　　　　　　　　　　　스피노자

였다.

스피노자는 '나 자신'을 쟁취하지 않으면 그의 인생은 실패라고 확신했다. 데카르트는 선언했다. "Cogito ergo sum." 나는 생각한다, 고로 존재한다. 스피노자는 스피노자의 생각으로 존재하는 스피노자여야 했다.

스피노자는 구약에 명시된 십일조를 거부하면서 암스테르담과 로테르담의 유대인 사회에 평지풍파를 일으켰다. 발등에 불 떨어진 유대 랍비들이 스피노자를 논파하고 회개시키기 위해 총출동했다. 그러나 스피노자와의 논쟁에서 모조리 거꾸러졌다.

유대교는 모세, 기독교는 예수, 이슬람은 무함마드의 종교다. 그래도 그들이 모시는 신은 바로 그분 하나다. 스피노자는 유일신의 성격부터 파고들어갔다. 신이 있을 수 있다고 치자. 왜 남성의 정체성을 지니고 인간사에 불공평하게 개입하며, 이다지도 불완전한 세상을 내버려두고, 애초에 세상을 불완전하게 창조한 인격신이어야만 하는가?

이쯤 되자 가톨릭과 유대교의 대연합이 일어났다. 가톨릭 신부들까지 스피노자와의 논쟁에 참전했지만 그에게 논파당하고 말았다. 말로 안 되면 남은 것은 협박과 보복뿐이었다. 스피노자 역시 자유는 공짜가 아님을 잘 알고 있었다. 그는 자신에게 가해질 집단적 폭력을 침착하게 기다렸다.

나는 개인이다

나는 개인이다

인간은 선천적인 무리 동물이다. 사람에게 공동체는 물고기로 치면 물과 같은 것이다. 인간은 배제당하고 살 수 없다. 원시 부족에서도 그리스 도시 국가에서도 추방은 사형 바로 아래 단계의 형벌이었다. 더군다나 스피노자는 유대인이었다. 17세기 유럽에서 유대인이 유대 사회에서 추방된다면 그에게는 사회라는 것이 삭제된다.

절대적 고독이 엄습했다. 그러나 공동체가 온전한 나 자신이어야 하는 '개인'을 위협하면 어떡해야 하는가. 조영래의《전태일 평전》중 일부다.

우리들은 대개 어렸을 적에 제각기 어떤 종류의 철조망을

넘은 기억을 가지고 있다. 그리고 많은 사람은 평생을 통해 끊임없이 철조망을 넘나든다. 남의 과수원에서 풋사과를 따먹기 위해 탱자나무 울타리를 넘어 들어가다가 팔다리에 온통 가시 자국이 나 본 사람, 돼지먹이의 맛을 잊지 못하고 미군부대의 철조망에 개구멍을 내고 기어들다가 등에 총탄을 맞고 죽어간 어떤 아이의 슬픈 소문을 들은 기억을 가진 사람들은, 철조망을 넘는다는 것이 무엇을 뜻하는지를 잘 알 것이다.

무엇인가에 이끌려 또는 떠밀려 거기까지 온 우리들을 가로막고 버티고 선, 저 완강한 철조망 앞에서 어떤 사람들은 풀죽어 되돌아선다. 그러나 어떤 사람들은 그것을 넘는다. 아니, 넘을 수밖에 없다.

철조망, 그것은 법이자, 질서다. 규범이고 도덕이며 훈계다. 그리고 어떤 의미에서는 억압이다. 겹겹이 철조망을 둘러치고 그 속에서 무엇인가를 지키려는 사람들은, 철조망을 넘어서려는 사람을 짓밟고 그 쓰러진 얼굴 위에다 침을 뱉는다. 쓰러져 짓밟힌 인간의 이지러진 얼굴 위로 고통스런 죄의식의 올가미가 덮어씌워진다.

철조망을 넘는 과정은 무뢰한으로 전락하는 과정, 법과 질서의 테두리 밖으로 고독하게 추방되는 과정, 양심과

83

인류를 박탈당한 비인간으로 밀려나는 과정이다.

그것은 동시에 인간으로 회복되는 과정이기도 하다. 오직 스스로의 힘으로, 그 어떤 법률과 질서와 도덕과 훈계로도 가로막을 수 없는 자신의 삶의 권리를 주장하는 과정이다. 그것은 철조망 앞에 결박당하여 의식이 마비되기를 거부하는 인간의 생명력, 인간 의지의 표현이다.

유대 사회는 먼저 이제라도 되돌아오면 받아주겠노라고 스피노자를 회유했다. 스피노자는 거부했다. 그러자 협박이 이어졌다. '어떤 일이 벌어질지 아는가?' 스피노자도 잘 알고 있었다. 그러나 지나고그는 스피노자를 쉽게 잃을 수는 없었다. 한번 잃으면 유대교 교리를 짓밟을 인간이었다. 이번에는 뇌물이었다. 스피노자는 그의 철학을 거두고 입 다물고 살기만 하면 평생 두둑한 연금을 받을 수 있다는 제안을 받았지만, 이 역시 거절했다.

다음 순서는 암살이었다. 열렬한 유대교 신자였던 젊은이가 원로들에 이끌려 신앙을 증명하기 위해 스피노자를 습격했다. 천만 다행으로 암살자의 비수는 날씬한 스피노자의 몸을 비껴 옷 뒤쪽을 뚫고 나왔다. 스피노자는 암살자를 증오하지 않았다. 오히려 신기해했으며, 조금은 불쌍하게 여겼다. 그의 입장에서는 인간이 이렇게 어리석을 수도 있다는 게 놀라울 뿐이었다.

암살 미수범의 열렬한 신앙대로 야훼가 실재한다면 어차피 스피노자는 영원한 지옥 불에 떨어질 것이다. 신앙이 깊을수록 속세에서의 보복은 의미가 없어지는데, 그 깊은 신앙을 증명하기 위해 신앙과 동떨어진 행동을 하다니 흥미로운 일이었다. 스피노자는 칼에 훼손된 옷을 평생 보관해 걸어두었다. 그는 가끔씩 옷을 보며 세상에는 이성이 없어 뵐 정도로 어리석은 인간도 있음을 상기했다. 그래서 그는 말이 안 통하는 사람은 그냥 내버려두었다. 이 사람의 성격이 이렇다.

암살마저 실패하자 마침내 스피노자는 종교재판에 끌려갔다. 유대 커뮤니티가 보장받은 자치권은 네덜란드의 법령을 크게 거스를 수는 없었다. 그럼에도 재판과 집행이 가능했고 조선시대로 치면 '멍석말이' 정도의 고통과 모욕을 줄 수는 있었다. 물론 유죄를 증명해야만 가능했다. 그래서 좌불안석인 것은 외려 유대 사회의 권력자들이었다. 피의자 스피노자는 당당하고 침착하게 변론했다. '인간사에 개입하는 인격신이 존재한다는 증거를 제시하라', '이 법정이 나를 독실한 유대교인으로 만들고자 한다면, 마땅히 법정이 나를 설득하는 데 성공하라'는 내용이었다. 꿀 먹은 벙어리가 된 법정은 동문서답을 했다.

나는 개인이다

인격신^{야훼}의 존재를 의심한 게 사실인가?

다시 말해 그대가 악마인 게 사실인가? 우격다짐이었다. 법정은 몰아넣기 식 공세 외에는 다른 전략을 찾지 못했다.

야훼를 부정하는가?

개인은 자기 자신이기 위해 어떤 것까지 감수할 수 있을까? 스피노자는 직선으로 돌을 던졌다.

나는 야훼를 부정한다.

이로써 재판은 유죄 판결로 마무리되었다. 당시에는 여러 가지 처형이 있었는데 그중 누운 채로 밟히는 건 가장 모욕적인 극형에 속했다. 스피노자는 유대교회로 끌려가 교회 문간에 배를 깔고 엎드림 당했다. 유대 커뮤니티 구성원 모두가 그를 발로 밟고 실내로 입장했다. 모두의 의무였으므로 이 중에는 그의 혈육도 있었다.

모두 입장한 후 마지막 남은 스피노자가 실내로 끌려갔다. 그리고 가운데의 촛불을 바라봐야 했다. 어떤 촛불인가? 커다란 대야에는 도축한 짐승의 피가 담겨져 있었고 그 위에는 검은색 양초가 떠워져 있었다. 양초는 참석자 수만큼 띄웠다. 빛을 차단시킨 회당 안에서 빛나는 것은 촛불뿐이었다.

촛불이 상징하는 것은 스피노자의 영혼이다. 다 함께 저주의 제문을 외고, 참석자들은 차례로 하나씩 자기 몫으로 할당된 촛불을 껐다. 마지막 촛불이 꺼지면서 완전한 암흑이 왔고, 스피노자의 영혼이 소멸되었음을 의미했다.

다음은 의식이 끝날 때까지, 스피노자가 자신이 속한 사회 구성원 전부의 합창으로 들은 전율적인 저주의 내용이다.

지도자들은 우리가 선언하는 그 순간부터 스피노자를
파문하고 이스라엘 백성 안에서 축출하기로 결정했다.
천사들의 결의와 성인들의 판단에 따라 신과 신성한
공동체의 승인을 받아 631개의 계명이 쓰여 있는 이 신성한
두루마기 앞에서 우리는 바뤼흐 스피노자를 파문하고
저주하고 비난하며 제명하고 추방한다.
여호수아가 여리고성을 무너뜨린 그 저주와 엘리사가
소년들에게 한 그 저주를 받고* 율법서에 쓰인 그 모든

• 곰 두 마리가 나타나 엘리사를 조롱한 아이들을 찢어 죽인 사건을 말한다.

나는 개인이다

저주를 받으라. 낮에 저주받을 것이며 밤에 저주받을 것이다. 잠잘 때 저주받고 일어날 때 저주받으리라. 이 책에 적힌 모든 저주가 그에게 덮치리라.

하나님께서 그의 이름을 하늘 아래에서 지울 것이오며 율법서에 쓰인 모든 저주로 하나님이 이스라엘의 모든 부족과 사람들을 악에 빠진 그로부터 떼어놓으리로다. 주여 그에게 파멸을 내리소서. 어느 누구도 그와 대화하지 말 것이며 어느 누구도 그와 글로써 교제하지 말 것이며 그에게 친절해서도 안 되며 그와 한 지붕 아래 머물러서도 안 되며 그의 가까이에 가서도 안 되며[*] 그가 쓴 책을 읽어서도 안 되느니라….

이렇게 제명과 추방이 완료되었다. 그처럼 심한 저주를 받은 철학자는 역사에 없다. 이 마저도 스피노자에게는 가벼운 시작에 불과했다. 17세기 유대교의 파문 의식이 이다지도 비인간적이었단 말인가? 그렇지는 않다. 스피노자의 경우가 특별했다.

유대교 사회는 스피노자를 상대로 한 논쟁에서 전패를 당했다. 논파당했다는 것은 곧 어느 정도는 설득되었다는 의미다.

• 거리까지 명시했는데 3큐빅, 대략 1미터다.

그들은 스피노자의 논리가 옳을 지도 모른다는 두려움에서 집단적으로 탈출하기 위해, 또한 스스로의 신앙을 집단에 증명하기 위해 기꺼이 광기를 뒤집어썼다. 모두가 공범이 되는 데 성공하면 피해자만이 주범이 된다. 폭력의 수위가 높을수록 안락해진다.

스피노자는 좌절하거나 분노하지 않았다. 외려 그의 반응은 심드렁했다. 등허리가 밟히느라 척추도 아프고 빈정도 꽤 상했을 법하지만, 그는 이 모든 고초를 간단하게 정리했다. '이제 자유다.'

스피노자는 자신을 저주하고 추방한 이웃들에 적개심을 가지지 않았다. 그는 실로 놀라운 정신력과 차분함의 소유자다. 스피노자는 인간을 어디까지나 이해와 존중의 대상으로 보았다. 그들에게는 그들만의 이유가 있었으리라.

나는 인간들의 행위에 웃거나 울지 않으며, 또한 증오하지도 않는다. 다만 이해하려고 노력할 뿐이다.

스피노자 이후의 철학자들은 그의 고귀한 정신적 태도를 흠모함과 동시에 강력한 질투심을 느꼈다. 이런 일을 당하고도 평온한 상태를 유지하고 두려움조차 느끼지 않은 철학자는 없다.

나는 개인이다

논리는 고군분투하면 조직해낼 수 있지만 그의 우아한 성정은 원한다고 훔칠 수 있는 게 아니다. 이때 스피노자의 나이 겨우 24살이었다. 스피노자는 불과 20대 초반에 자기 사상의 얼개를 형성해갔다. 스피노자의 파문은 집단의 일원이 아닌 개인이 탄생한 순간이다.

스피노자는 유대인들에게 버림받은 유대인, 철저한 외톨이가 되어 칩거할 곳을 찾아다녔다. 그는 4년 후인 1660년 라인 강변의 조그만 마을 레인스뷔르흐에 장기 체류하기로 결정했다. 이곳에서 자신의 철학을 체계화하고 발표할 생각이었다.

1660년, 이제는 유대 사회 정도가 아니라 전 유럽이 스피노자를 혐오하고 저주할 차례였지만 상관없었다. 아니 어쩔 수 없었다.

'내 생각이 그러하기 때문'이었다.

스피노자는 스피노자다

스피노자는 친구를 사귀려는 노력을 하지 않았다. 구체적으로 말하자면 친구를 찾은 게 아니라 친구가 생겨났다. 파문당한 후 라인 강변의 작은 마을에 정착하기까지 4년간 그가 무엇을 했는지는 추적하기가 어렵다. 라틴어 수업의 조교 노릇을 하며 생계를 유지하지 않았을까 추정할 뿐이다.

스피노자는 히브리어 이름 '바뤼흐'를 버리고 같은 뜻의 라틴어 베네딕투스로 이름을 바꿨지만 그게 그거다. '베네딕툼'이란 필명을 쓴 적도 있지만 마찬가지다. 낮말은 새가 듣고 밤말은 쥐가 듣는다고 하지 않았나. 촉각을 곤두세우면 소문에서 벗어날 사람은 없다.

철학적 소신을 지키기 위해 파문과 추방을 감수한 유대인

91

청년이 있다는 소식은 네덜란드의 젊은 인텔리들에게 강력한 호기심을 불러일으켰다. 대체 누구이기에? 이 질문은 곧 다음의 단계로 이어졌다. 얼마나 대단한 신념이기에?

공부 좀 한다는 젊은이들은 입소문을 공유하며 스피노자를 찾아오는 데 성공했다. 기세 좋게 토론을 신청한 이들도 있었고 순수한 호기심으로 질문을 던지는 이들도 있었다. 모두 스피노자의 천재성과 혁명성에 탄복했다. 그들은 엷은 미소를 잃지 않는 차분하고 부드러운 미남자를 깊이 흠모하게 되었다.

빌헬름 바이셰델Wilhelm Weischedel은 그의 세계적인 베스트셀러 《철학의 뒤안길》에서 이렇게 썼다.

그렇지 않아도 고독에 젖어드는 성향이 있던 스피노자는 더욱 깊이 고독 속으로 젖어들었다. … 그는 '흡사 그의 서재에 매장되어 있는' 듯했다. … 그에게는 몇 안 되는 친구가 있을 뿐이었으며 편지 왕래도 매우 드물었다.

바이셰델의 해석이 일반적이지만, 스피노자가 고독한 은둔 자라는 평가는 전혀 사실과 다르며, 다양한 사람들과 활발히 교류했다는 설도 있다. 심지어 자유주의 성향의 공화정 지지자들 사이에서는 중심적 인물이었다고도 한다. 진실은 어느 쪽일까?

스피노자

둘 다 맞다.

두 가지 상반된 견해가 있는 까닭은 스피노자는 고양이였고 그의 팬들은 개였기 때문이다. 스피노자는 고독 속에서도 별다른 불편을 느끼지 못했다. 먼저 편지를 보내오는 것도, 의견을 묻는 것도, 찾아오는 것도 지인들이었다.

스피노자가 자리를 잡고 렌즈 세공으로 먹고살기 시작한 때부터 지인들은 가끔씩 혼자 혹은 여럿이서 그를 찾아왔다. 여럿이 찾아올 때는 스피노자에게 강연을 듣기 위해서였다. 스피노자는 친구들의 요청에 따라 철학적 견해를 편지로 써주곤 했다. 친구들은 그의 편지로 세미나를 열었다. 그러다 결국 이해가 되지 않는 부분이 있으면 직접 가르쳐주십사 방문했던 것이다.

네덜란드 공화정 지지자 그룹의 중심인물이었다는 설명도 이래서 가능하다. 소박한 성격의 스피노자는 낮에는 렌즈를 깎았고 밤에는 철학을 했다. 다만 정치 담론에 대해 물어보는 편지를 받을 때마다 답장을 써주었을 뿐이다. 공화파 엘리트들이 이 답장에 달려들어 해답을 갈구했으니, 그들 입장에서는 스피노자가 화제의 인물일 수밖에 없다.

그러나 그들 중 누구도 스피노자의 철학적, 정치적 견해를 떠들고 다닐 수 없었다. 무신론자로 소문난 스피노자의 친구임을 밝힐 수 없는 노릇이었다. 그래서 스피노자와 그의 지지자 겸 친구들은 자기들만의 비공식 네트워크를 통해 교류했다. 스피노자는 첫 책을 내기도 전에 이미 물밑에서 컬트적인 팬덤을 거느렸다.

스피노자처럼 자기애의 함정에 빠지지 않은 사람은 없을 것이다. 인간은 고초를 당하고 미움받으면 어쩔 수 없이 유치해진다. 누구나 이럴 때만은 자기중심적인 성향이 되어 자신을 이렇게나 괴롭히는 세상에 대해 억하심정을 갖기 마련이다. 진리를 추구한 죄로 저주받는 이가 다름 아닌 나 자신일지라도, 자신에게 죄를 준 이들은 그저 인간일 뿐 악마나 짐승이 아니기 때문에 이해할 수 있다는 게 스피노자의 생각이었다. 분노를 정당화하는 결론을 내린다면 인간과 우주를 음미하는 데 방해가 된다.

자기감정의 먹잇감이 되는 사람은 스스로의 주인이 아니다.

스피노자의 철학을 이해해보려는 참을성이 없음은 대중의 인간적 흠결일 뿐이다. 흠결이 있기에 더 나아질 수도 있는 존재가 인간이다. 스피노자는 말한다.

슬퍼하지도 조롱하지도 마라. 분노를 키우지도 마라.
그저 이해하라.

이해하려는 노력은 미덕의 처음이자 전부다.

스피노자는 아무리 자신이 부당한 대우를 받아도 세상은 살 만한 곳임을 부정하지 않았다. 그는 놀랍게도 자신을 저주하는 이들의 지성이 그만 못하다는 이유로 낮잡아보지 않았다. 그도 다른 이들도 다 같은 인간일 뿐이다. 이 사실을 인정하지 못하는 심리에 대해 스피노자는 냉소적이다.

자존심이란 인간이 자신을 지나치게 높게 평가하는 데서
피어나는 쾌락이다.

지식과 지성은 다르다. 지성은 앎에 더해 태도까지를 포함한다. 이런 면에서 철학자 스피노자는 지성인이다. 그는 인간에 대한 자신의 태도를 철학적 차원으로 확장했다.

개인의 인격과 욕망, 그리고 한계까지도 그 자체로 존중의 대상이 되게끔 하려는 집단적 행위. 이것이 스피노자가 말하는 정치다. 모든 인간에 대한 전적인 존중을 토대로 삼지 않은 정치는 정치가 아니라 통치이며 지배에 불과하다.

인간은 버려도 되는 물건이 아니다. 인간은 서로를 끝없이 붙잡아야 하는 존재다. 스피노자는 자신이 사회에서 받은 탄압에 아랑곳하지 않고 희망의 정치학을 펼친다. 스피노자에게 사회란 인간이 인간에게 어깨를 빌려줄 수 있는 곳이다.

증오는 주고받음 속에 자라난다.[*] 다른 한편으로 증오는 사랑에 의해 파괴될 수도 있다. 사랑에 의해 완전히 소멸된 증오는 사랑으로 수렴된다. 그러하기에 사랑이 보다 위대하며, 증오의 충동이 사랑보다 우월했던 적은 없다.

이상하다. 스피노자는 혼자서 신과 우주를 음미하는 차가운 개인주의자가 아니었던가? 철학사에서 그에 대한 표현은 이렇다. '신에 취한 사나이', '은둔의 철학자.' 이제 보니 공존과 형제애를 부르짖은 온화한 감성의 소유자인 것 같지 않은가?

스피노자에게 있어 개인주의와 사회공동체주의는 한 몸이다. 개인의 사상과 자유는 그 자체로 무한히 존중받아야 한다. 그런 사회는 각 개인이 권력을 공평히 나눠가진 사회여야만 한다. 따라서 스피노자는 공화정을 지지했으며 자연스럽게 네덜란드 공화파의 일원이 된 것이다.

• 증오가 증오를 낳고 키운다.

레인스뷔르흐에 정착한 스피노자는 먼저 철학적 메모의 모음인 《소고小考》를 정리한 후, 1661년 《지성개선론》 집필을 시작했다. 그러나 이 책은 끝까지 미완결로 남았다. 영화 용어로 말하자면 《지성개선론》은 필생의 대작인 《윤리학》의 플롯에 해당한다. 사상을 완성하기 전에 결론을 미리 내릴 수는 없다. 정작 시나리오인 《윤리학》을 완성하고 나니 제작 과정인 플롯은 더 이상 필요가 없어졌다. 따지고 보면 처음부터 완성될 수가 없는 책이었다.

스피노자는 자연스럽게 다음 해인 1662년 30살의 나이로 《윤리학》에 도전했다. 그리고 반년도 안 되는 짧은 시간에 1부를 완성했다. 원래 3부로 구상한 책이었으니 3분의 1을 뚝딱 해치운 것이다. 그러나 이 책을 완성하는 데는 결국 15년의 세월이 필요했다.

15년 동안 책 하나만 붙잡고 있을 수는 없다. 당연히 다른 일도 해야 한다. 무슨 일일까. 철학의 순서다. 윤리학으로 먼저 점프할 수는 없다. 철학의 토대가 있어야 한다. 인간과 우주가 어떻게 존재하는지 밝히는 존재론이 먼저다. 그 위에 인간이 어떻게 살아야 하는지 주장하는 윤리학의 차례다. 마지막 단계가 아름다움과 추함, 쾌와 불쾌를 다루는 미학이다.

1663년에 스피노자는 은둔 생활을 잠시 포기하고 가정교사를 했다.《윤리학》집필 완성을 위한 단계였다. 자신을 철학의 세계로 이끌었던 데카르트를 그 자신의 분석으로 명료하게 정리할 필요가 있었다. 가정교사를 부를 만한 집안에는 장서가 많다. 수업료를 기꺼이 지불할 만하다면 없는 책도 금방 조달해주고 자료도 손쉽게 제공할 수 있었다.

스피노자는 이렇게 데카르트 해설서인《기하학적 방식에 근거한 데카르트 철학의 원리》를 집필했다. 책은 스피노자의 팬들이 지원해준 돈으로 출판되었다. 이때 스피노자는 데카르트의 사상적 제자였고 그를 지지하는 친구들 역시 데카르트 신봉자였다. 이 책은 스피노자가 생전에 유일하게 본명을 숨기지 않고 출간한 작업물이기도 하다.

데카르트를 졸업한 스피노자는 데카르트를 넘어서고 자신의 철학을 완성해나가는 여정에 본격적으로 발을 디뎠다. 1차목표 지점은 1670년 출간된《신학 정치 논고》였다. 이 책이 발표되기 전까지만 해도 유럽인들은 데카르트보다 불편한 지식인이 출현할 거라고는 생각도 못했다.

악마의 하수인

스피노자는 1663년 포르부르흐로 이주했다. 이곳은 네덜란드 정치의 중심지 헤이그와 지척이다. 스피노자는 이곳에서 공화파 정치인들과 교류했다. 충격적 문제작《신학 정치 논고》를 출간한 것도 이곳에서였다.

《신학 정치 논고》는 익명으로 출판되었다. 그러나 스피노자의 철학은 이 책의 출간에서부터 세상에 본격적으로 유포되기 시작했다.《신학 정치 논고》는 철학사상 최악의 분노를 불러일으켰다. 다음은 생전과 사후 그가 들었던 저주의 목록이다.

개화가 안 된 저술가, 신을 모독한 전형적인 유대인이자 완전한 무신론자, 소름끼치는 괴물.

_라이프치히대학교 철학과 교수 토마시우스

우둔한 악마, 꽉 막힌 요술쟁이, 돌아 버린 멍청이,
정신병원에서 값싼 공로를 세울 천치, 술에 취해 정신이 돈
사람, 넝마 같은 철학, 눈속임에 능통한 익살스런 광대 짓,
가장 유치하고 가장 비참한 소리.

_의사 겸 화학자 디펠

불쌍한 새끼, 기형 동물, 악마의 저주받은 직관으로 가득 찬 사람.

_수학자 겸 물리학자 뉘른베르크대학교 교수 슈투름

악마를 매수해 모든 신적이고 인간적인 권리를 완전히
파멸시킨 인간. 시공간에서 그런 인간을 발견할 수 있다면
그는 스피노자다. 선천적으로 거대한 재앙을 타고난
사기꾼으로서 파괴의 작업에 제 몫을 더한다. … 신에 대한
모독, 무신론으로 꽉 차 있어 참으로 지옥의 어둠 속에나
던져 버려야 할 책. 그 책은 지옥으로부터 인류에게 수치와
피해를 입히기 위해 세상에 태어났다. 지구에서는 몇 세기
동안 그보다 더한 파멸의 근원이 있어본 적이 없다.

_신학자 무제우스

형이상학을 가장 추악하게 사용해서 만든 책.

_볼테르

견딜 수 없을 정도로 건방진 저술, 아연실색.

_라이프니츠

건전한 이성과 학문을 해친 노상강도 겸 살인자.

_철학자 하만

《신학 정치 논고》를 비난하는 일은 사회적 유행이 되었다. 자신의 정의와 신앙을 증명하기 위해 모두가 한목소리로 뛰어들었다. 지식인은 물론 유행에 민감한 일반인도 자신이 상식이 있는 사람이라고 증명하기 위해 《신학 정치 논고》에 저주를 퍼부었다.

이 책은 그만큼 관심을 불러일으켰고, 천인공노할 만큼 정밀하게 쓰였다. 그저 그런 논리로 꾸며낸 책이었다면 분노를 불러일으키지도 않았을 것이다. 《신학 정치 논고》는 출판물이 귀하던 당시 5년간 5쇄를 찍었다. 전 유럽의 베스트셀러였다.

양지에서 '악마의 하수인'으로 불리는 동안 익명의 저자 스피노자를 향한 팬심은 음지에서 넓게 퍼져나갔다. 남몰래 책의 내용에 동의하는 사람부터, 사상 전개 방식과 유려한 문체에 반한 사람들까지. 그들은 금세 스피노자를 열렬히 흠모하기 시작했다.

그는 라틴어로 저작을 발표했는데 이 어려운 언어를 고대 로마시대의 문인처럼 자유자재로 다뤘다. 그래서 스피노자의 저술을 일컬어 '라틴어 문학의 마지막 걸작'이라고도 한다. 본인의 의도이든 아니든, 그의 생각에 동의하든 그렇지 않든 스피노자의 필력은 독자들에게 경탄의 대상이었다. 스피노자 이후 그보다 라틴어 문장을 잘 쓰는 인물은 없었다.

그렇다면 스피노자의 사상이란 무엇인가? '왜 데카르트 같은 위대한 천재도 굳이 신 존재 증명을 하려고 하는가?'가 스피노자의 불만이었다. 데카르트는 자신의 철학이 무신론으로 수렴되는 게 아니냐는 공포에 떨며 살았지만, 스피노자로서는 신이 없다고 논증되면 그저 없을 뿐이었다.

흔히 스피노자를 신성으로 가득 찬 철학자라고 평한다. 그의 별명 중 하나가 '신에 취한 사람'인데 사실은 맞다. 스피노자는 신에 취했다. 그런데 그 신은 인격신, 유일자가 아니라 범신론의 신이다.

범신론이란 모든 사물에 신성이 깃들어 있다는 의견이다. 이것을 정신이라고 한다. 신이라는 용어를 선택했을 뿐 스피노

Deus sive natura

데우스 시베 나투라, '신 즉 자연'으로
번역되는 이 라틴어 문장은 스피노자의
신학을 상징한다. 신은 곧 자연이라는 뜻으로,
나투라는 돌, 물, 나무와 같은 자연물 자체일
뿐만 아니라 자연물 어디에나 있는 본성을
지칭한다. 라틴어 natura^{나투라}에서 파생된 영어
nature^{네이처}도 자연과 본성 두 가지 뜻을 모두
담고 있다.

자는 신이란 철학적, 언어적으로만 존재한다고 밝혔다. 그러므로 신은 인간을 포함해 우주를 구성하는 모든 것들의 존재 근거다.

데카르트는 선험적인 절대적 이성, 즉 로고스가 있다고 했다. 데카르트의 철학에서 인간의 영혼은 절대 로고스인 신과 물질 사이에 존재한다. 반면 스피노자는 우주의 정신은 물질을 적시듯 모든 것에 깃들어 있다고 보았다.

정신이라고 하지만 조선 유학의 '이기론'에서 이理라고 해도 된다. 어디에나 깃들어 있는 법칙. 이것이 스피노자가 말하는 신이다. 예컨대 수학적 원리 같은 것이며, 초끈 이론의 초끈이라고 해도 좋다.

돌에도 벌레에도, 어떤 자연 현상에도 그 안에는 기하학적 원리가 있다. 우리는 우주를 구성하는 원리 속에서 살아간다. 꼭 기하학으로 설명하지 않더라도 원리가 있다면 그것이 스피노자의 신이다. 우주 어디에나 신성이 흐른다면 우주는 곧 신이다. 우주의 일부인 인간도, 개도, 돌도 신의 일부다.

스피노자는 "자연은 고정된 불변의 질서를 보존하고 있고, 예외란 있을 수 없다"고 못 박는다. 공간적 개념뿐 아니라 시간적으로도 마찬가지다. 시간에 따른 인과율을 설명하는 대목을 보면 곧잘 스피노자를 체념과 염세의 철학자로 오해하게 된다.

Natura Naturans, Natura naturata

스피노자가 주장하는 존재론의 핵심은
'능산자'와 '소산자'다.

능산자

생산하는 자연.
라틴어로 나투라 나투란스^{Natura Naturans}라고
부른다.

소산자

산출되는 자연.
라틴어로 나투라 나투라타^{Natura Naturata}라고
부른다.

생산하는 자연과 생산 결과로서의 자연이
따로 있는 것이 아니다. 우주는 창조주이자
그 자체로 결과다. 그러므로 인간과 사물은
우주의 일부로 능산자인 동시에 소산자다.
이 개념이 혁명적인 이유는 창조주와
피조물의 물과 기름 같은 구분을 지워버렸기
때문이다. 이렇게 되면 더 이상 인격신은 물론,
창조주로서의 신도 사라진다.

모든 것에는 원인이 있기 때문이다.

내가 아이스크림을 사먹는다면 아이스크림을 좋아하게 될 만한 환경과 경험이 있어야 한다. 그 전에 내가 태어나야 하고, 부모님의 부모님의 부모님이 태어나야 하고, 유인원이 있어야 하고 척추동물이 있어야 한다. 요즘의 이해로는 빅뱅까지 거슬러 올라간다. 다시 역산하면 빅뱅이 일어나는 시점에서 나는 필연적으로 지금 다른 것도 아니고 이 아이스크림을 선택하도록 되어 있었다. 이런 차원에서 스피노자는 자유의지를 착시현상이라고 했다. 그는 냉소적으로 말했다.

인간이 던져서 포물선을 그리며 날아가는 돌은 '나는 지금 자유의지로 비행하고 있다!'고 생각할 것이다.

오해를 풀기 위해서는 시공간이 우주를 구성하는 교차된 두 선, 즉 X축과 Y축이라는 사실만 상기하면 된다.

신은 모든 것의 원인인데, 모든 것은 신 안에 있다.

신 즉 자연이라는 말은 '신은 곧 시공간 전체'라는 말과 같다. 시간도 우주의 구성요소다. 스피노자의 철학은 체념적이지 않다. 현대의 천체물리학자는 일반인의 이해를 돕기 위해 시공간을 일러스트로 그리며 미래는 정해져 있음을 설명하기도 한다. 그렇다고 해당 물리학자가 현실의 차원에서 무기력하고 수동적으로 살지는 않는다.

스피노자의 범신론은 무신론이다. 스피노자를 반박하는 사람들은, 특히 프레드릭 코플스턴^{Frederick Copleston}처럼 기독교 신앙을 가진 철학자들은 이 대목을 걸고넘어진다. '신이 있다는데 사실은 무신론이다! 그러므로 스피노자는 믿을 수 없다!'며 가슴을 쓸어내린다. 실은 그게 바로 스피노자가 이해시키려고 했던 내용인데 말이다.

나는 개인이다

홀로서기

스피노자는 1670년이 되던 해에 헤이그로 거처를 옮겼다. 말이 거처지 하숙집이나 여관방에 불과했고, 그나마 좋은 방도 아니었다. 그러는 와중에도 팬들은 스피노자를 찾아내고 말았다. 그리고 그가 렌즈를 깎으며 빈궁하게 살고 있다는 사실을 확인했다. 당시 렌즈는 고가품이었고 더욱이 스피노자의 렌즈는 최상품이었다. 네덜란드의 천문학자 크리스티안 하위헌스^{Christiaan} ^{Huygens}도 그의 고객이었다. 하위헌스는 토성의 고리와 위성 타이탄을 발견한 인물이다. 그는 당시 기술로 가능한 최고 배율의 망원경에 들어갈 정밀 렌즈를 스피노자에게 의뢰했다.

그런데도 스피노자는 돈이 부족했다. 수입의 대부분을 렌즈처럼 고가품인 책을 구입하는 데 썼기 때문이다. 친구와 팬들은 스피노자를 돕고 싶었다. 제발 연구와 저술만 하길 바랐다. 그러나 스피노자는 번번이 거절했고, 나중에는 지인들이 말 그대로 돈을 '욱여넣었다.' 스피노자의 거처에는 예고 없이 거액이 도달하곤 했다. 그럴 때마다 꼭 필요한 데만 돈을 쓰고 나머지는 그대로 돌려보냈다.

스피노자가 팬들의 '조공'을 자신의 즐거움만을 위해 쓴 게 있다면 그건 파이프 담배다. 돈을 돌려보내기 전에 그는 질 좋은 담배를 조금 사서 맛봤는데 이것이 유일한 취미였다. 이렇게 고급 담배가 생기면 스피노자는 1층으로 내려가 여관 주인과 나눠 피우며 담소를 나눴다. 가끔씩 하는 흡연이지만 결과적으로는 건강에 좋지 않았다. 렌즈를 깎으며 날린 유리 가루가 그의 폐에 쌓여갔다. 서른 중반을 넘기면서 스피노자는 점점 창백하고 수척해졌다.

스피노자에게는 무슨 취미가 있었을까? 그는 렌즈로 방 안에 집을 지은 거미를 관찰하기도 했고, 모기와 파리를 잡아 친절하게 거미줄에 붙여주기도 했다. 정 지루하면 어린아이처럼 거미끼리 싸움을 붙이기도 했다. 이쯤 되면 혼자 놀기의 진수다.

스피노자에 열광한 이들 중에는 시몬 드 브리스^{Simon de Vries}라는 인물도 있다. 스피노자도 나름 부유한 상인의 아들이지만, 브리스는 암스테르담의 재벌로 부유함의 단위가 다른 사람이

나는 개인이다

었다. 브리스는 스피노자에게 존경을 바치는 뜻으로 천 달러*라는 거금을 후원하려 했으나 스피노자는 거절했다. 재벌이라 통이 컸는지 브리스는 아예 스피노자를 자신의 유산 상속인으로 지명했다. 희대의 천재가 풍족한 환경에서 하인들의 수발을 받아가며 자신의 사상을 펼치기를 원해서였다. 스피노자는 예의를 갖춰 완곡하게 거절했다.

자연은 지극히 작은 것에 만족합니다.

스피노자는 생명을 유지하고 활동하는 데 있어 낭비를 혐오했다. 그는 네덜란드의 상공업이 부익부 빈익빈의 양극화로 흘러가는 현상에 불편함을 느꼈다. 브리스는 친절한 신사였지만 구조적 착취의 수혜자였다. 스피노자 입장에서는 착취의 결과를 향유하는 것도 착취이기는 매한가지였다.

브리스는 정 그렇다면 스피노자에게 정말로 최소한의 금액만 연금 형식으로 후원하겠다고 했다. 1년에 500플로린**이라는, 그의 막대한 재산에 비하면 그야말로 티끌 같은 액수를 제안했다. 스피노자는 이조차 너무 많다며 곤란해 했다. 옥신각신 끝에

• 익숙한 영단어지만 유럽에서 광범위하게 통용되던 은화의 단위로 원래는 '탈러'다. 네덜란드어로는 '달더르'라고 한다.

스피노자가 300플로린을 받는 데 동의하고 나서야 비로소 브리스는 물러났다.

　스피노자는 금욕주의자였을까? 그는 실제로 스토아학파에 친화적이었다고 한다. 그래서 많은 이들은 스피노자의 자발적 가난이 스토아 철학의 영향이라고 설명한다. 나는 동의하지 않는다. 스토아학파의 금욕주의는 귀족적이다. 당장 누릴 수 있는데 절제하는 정신 수련에 가깝다. 렌즈 세공은 중노동이다. 중노동과 금욕은 종류가 다른 활동이다. 스피노자는 금욕보다는 일상의 즐거움이 소중하다고 이야기했다.

현명한 사람의 조건 중 하나를 말해보고자 한다. 현명한 사람은 스스로를 재충전하고 기운 나게 하기 위한 중용의 묘를 안다. 중용이란 좋은 음식과 술을 음미하는 것이다. 푸르른 초목을 즐길 줄 알고 사는 곳을 꾸밀 줄 알며 음악, 운동, 무대 예술과 같은 것들을 즐기는 일이다. 이러한 것들은 다른 이들을 해치지 않고서도 향유할 수 있다.

•• 이탈리아 도시국가인 피렌체의 금화에서 시작된 유럽의 화폐 단위. 통상적으로 1플로린은 달러와 마찬가지로 네덜란드의 1굴덴(휠던)보다 약간 높은 가치를 지녔다.

글쓴이는 이렇게 해석한다. 스피노자는 노동하지 않고 누리는 꿀물을 싫어했다. 그는 자본주의에 반대하지는 않았지만 자본주의의 그늘은 혐오했다. 스피노자에게는 렌즈 세공 기술과 팔다리가 있다. 그렇다면 체력이 있는 한 그걸로 먹고사는 일이 그에게는 타당했다고 여겨진다.

스피노자의 렌즈 세공 작업은 낮 시간에 이루어졌다. 태양의 직사광에 비춰야 렌즈의 정밀도를 확인할 수 있다. 밤에는 새벽 3시까지 연구와 집필에 몰두했다. 체력 고갈 외에도 안구 피로와 두통에 시달릴 수밖에 없었다.

해가 지고 나서야 사색을 시작해 모두 잠든 시간에 사상을 전개하는 스피노자의 모습은 그가 악마와 결탁했다는 심증의 훌륭한 증거가 되었다. 스피노자는 반박 불가능한 기하학적·연역적 방식으로 철학을 저술했다. 형이상학이다. 형이상학은 로고스의 정수다. 신이 보증하고 인간에게 허락해준 이성의 보물을 신을 모욕하는 데 사용하는 일이 가능한가? 가능하다. 한때 천사였고 신에 근접한 능력을 가진 지옥의 주인에게 영혼을 팔았다면 말이다. 그의 이름은 루시퍼, 바로 사탄이다.

사탄의 부하 스피노자를 지지하는 인물 중에는 얀 더빗Jan de Witt이 있었다. 그는 네덜란드의 대정치가로, 인류가 공화국을 꾸려온 역사에서 빠질 수 없는 위대한 공화파 정치인이었다. 더빗은 십수 년간 공화국 네덜란드를 이끌어온 실권자였다.

스피노자와 더빗은 어둠 속에서 서로를 남몰래 존경하며 교류했다. 더빗이 악마의 하수인이 펼친 철학에 공감한다면 정치적으로 심각한 타격을 입을 터였다. 거꾸로 스피노자가 더빗을 지지한다고 밝히면 그것도 더빗에게 악재였다. 두 사람은 정치와 사상의 로미오와 줄리엣이었다. 스피노자는 더빗이 이끄는 공화국 정치를 인류의 미래를 닦는 초석으로 보았다.

이 번영의 나라에는 귀족이 없으며, 어떠한 계급과 종교를 갖고 있어도 함께 공존하며 살아간다.

네덜란드 왕실의 뿌리는 존경받을 자격이 충분했다. 네덜란드의 국부이자 독립 항쟁의 영웅 오라녜 공 빌럼^{Willem I, 1533. 4. 24~}^{1584. 7. 10}에서부터 시작된 오라녜 가에 대한 시민들의 충성심은 이해할 만할 뿐 아니라 온당했다. 오라녜는 현재에도 네덜란드의 왕가다. 그러나 모든 시민이 주인인 공화주의를 좌절시킬 자격은 누구에게도 없다는 게 스피노자의 믿음이었다.

유럽은 상속 전쟁에 수년간 휘말려 있었다. 더빗은 평화주의와 외교로 공화국을 지켜내고자 했다. 그러나 프랑스의 태양왕 루이 14세는 상속 전쟁에서 자신의 편을 들지 않은 네덜란드를 응징하리라 엄포를 놓았다.

1672년, 루이 14세의 군대는 네덜란드를 전면 침공했다. 네덜란드는 높은 경제력과 협상력으로 유럽의 물밑 외교에서 힘을 발휘했다. 네덜란드는 강대국들의 힘이 균형을 이루어 네덜란드가 완충 지대로 남길 바랐다. 스페인 제국의 탄압을 경험한 네덜란드에 또 다른 대제국의 출현은 악재였다. 프랑스의 태양을 넘어 유럽의 태양이 되고자 했던 루이 14에게 네덜란드는 첫 번째로 해치워야 할 눈엣가시이자 먹잇감이었다. 전란이 나라를 휩쓸자 네덜란드 시민들은 평화주의 노선을 고집했던 더빗에게 책임의 화살을 돌렸다.

그가 그토록 추구했던 평화의 결과가 이것이란 말인가?

시민들은 왕당파의 선동에 넘어가고 말았다. 그 옛날 스페인에 맞서 떨치고 일어나 백성을 이끌고 독립을 쟁취한 영웅, 그는 바로 오라녜 공 빌럼이었다. "영웅의 후손이 여러분 가까이 있다! 국력과 민심을 하나로 모아 외적의 침입을 막아줄 군주의 혈통이 있건만, 누구 때문에 나라가 전란에 시달리게 되었는가?"

더빗 탓이었다. 공화국의 자유를 누리던 시민들은 폭도로 돌변해 더빗의 집을 습격했다. 더빗 형제인 얀과 코르넬리우스가 끌려나와 폭도들에게 맞아죽었다. 형제의 시신은 배가 갈리고 내장이 적출돼고 성기가 잘린 채 알몸으로 거꾸로 매달렸다. 사람들은 형제의 시신을 조각조각 잘라내 구워 먹고 기념품으로 사고팔았다. 광기 그 자체였다.

스스로 주인인 자유로운 시민이 공포와 분노에 사로잡혀 봉건 군주를 부르짖고, 동료 시민을 참살한 사건에 스피노자는 경악했다. 이 아름다운 국가의 시민이 무지의 노예가 되다니! 자유에 대한 스피노자의 다음 두 문장에는 이때의 경험이 녹아들어가 있다.

국가의 진정한 목적은 개인의 자유에 있다.
철학의 궁극적 목적은 시민의 자유에 있다.

주체적 개인이 절뚝거릴 때 폭력과 야만이 창궐한다. 스피노자는 이때 생에 처음이자 마지막으로 분노를 터뜨렸다. 스피노자는 스스로를 위해서는 한 번도 이성을 잃지 않았다. 자신을 파문한 유대 교회의 야만성에 대해 일언반구도 한 적 없다. 그러나 더빗의 죽음 앞에서는 평온을 유지하지 못했다. 그는 폭도들이 피의 축제를 벌이는 살해 현장에서 그들을 공개 비난할 생각

나는 개인이다

이었다. 그는 '극단의 야만인들'이라는 대자보를 써서 더빗 형제를 죽인 폭도들이 있는 곳으로 뛰쳐나가려 했다.

1층에 있던 여관 주인은 스피노자의 손에 들린 대자보의 글을 읽고 대경실색했다. 가만 놔두면 오늘이 스피노자 선생의 제삿날이 될 게 틀림없었다. 다행히도 그가 묵는 여관 주인은 스피노자를 존경했고 그보다 힘이 셌다. 허약해진 30대 후반의 스피노자는 문 밖에 나서기도 전에 손쉽게 감금당했다.

허무하게 진압당한 후 이성을 되찾은 스피노자는 일상으로 돌아갔고 프랑스군은 거침없이 진격했다. 1672년 여름 프랑스군은 네덜란드의 정중앙에 위치한 도시 위트레흐트^{Utrecht}까지 점령했다. 프랑스군이 확보한 전선은 네덜란드 경제의 심장 암스테르담을 지척에서 위협했다.

그러나 네덜란드군의 필사적인 저항과 동맹군의 합류, 그리고 물과 진흙의 방해로 프랑스군은 발이 묶였다. 네덜란드군은 시간을 벌기 위해 네덜란드를 상징하는 운하의 물길을 터뜨려 프랑스군의 진격을 방해하는 데 성공했다.

나, 고독한 개인

프랑스는 영국과 동맹을 맺은 상태였다. 프랑스는 영국에 네덜란드의 중심 자치주인 홀란트 주의 주요 도시를 내주겠노라 약속했다. 반면 프랑스의 목표는 돈이었다. 네덜란드의 16개 자치주를 차지한 후 한 주당 백만 굴덴*씩 총 1600만 굴덴을 토해내게 할 생각이었다.

프랑스는 앙숙인 영국을 위한 도시 공방전에 미적지근했다. 도시 대신 많은 지역, 넓은 면적을 차지하려고 했다. 그러다 보니 네덜란드 저항군은 도시를 수비 거점으로 삼아 길게 저항할 수 있었다.

---

* 네덜란드어 발음으로 휠더. 순도 90퍼센트 이상의 은화였다.

네덜란드는 멸망의 위기에서 벗어나고 전선은 고착됐다. 이 채로 프랑스가 점령지를 하나씩 내주다가 전쟁은 1678년부터 시작된 평화협정으로 끝났다. 그러나 이건 나중 일이다. 문제의 사건이 터진 1673년은 언제 끝날지 모르는 전쟁이 한창이었다. 스피노자에게 위험에 빠진 네덜란드를 탈출할 기회가 주어졌다. 독일 팔츠°의 선제후 루트비히의 초청이었다.

루트비히는 유럽을 대표하는 명문 중 한 곳인 하이델베르크 대학교에 스피노자를 정교수로 앉히고자 했다. 악명도 명성이었고 명문대란 천재를 보유해야 수준을 유지하는 법이다. 편지는 선제후의 고문이자 하이델베르크 교수인 요한 루트비히 파브리티우스Johann Ludwig Fabritius가 썼다.

> 고명하신 귀하께. 인자하신 선제후 전하의 명에 따라,
> 전하의 호의가 두터우신 귀하에게 전하의 저명한 대학에서
> 철학교수직을 맡으실 의향을 여쭙고자 합니다. …
> 귀하는 철학을 가르치는 일에서 충분한 자유를 누리게 될
> 것입니다. 전하는 귀하가 공적^{公的}으로 확립돼 있는 종교를
> 어지럽히지 않으리라 믿고 계십니다. … 귀하께서 오신다면

• 독일 서부, 라인란트팔츠 주 남부의 지방.

철학자로서 만족스런 삶을 누리실 수 있을 겁니다. …

안녕히 계십시오.

기독교 신앙을 직접적으로 공격하지 말아달라는 조항이 붙어 있긴 했지만 이 정도면 직업으로는 누구든 받아들일 만한 요청이었다. 하지만 스피노자에게 완전한 자유가 아닌 것은 굴복이었다. 그의 답장은 이랬다.

공적으로 확립된 종교를 어지럽히는 모든 행동을

피해야 한다면, 제가 가르치고 연구하는 자유가 결국

제한받지 않을까 생각합니다. 과연 그러한 자유의 한계가

어디까지일지요. … 저를 움직이는 것은 좀 더 나은 지위에

대한 희망이 아니라, 다만 평안에 대한 사랑입니다.

프랑스군의 진격이 교착 상태에 빠진 1673년 봄, 침공군 총사령관 콩데 공작은 네덜란드 정부에 난데없는 요청을 했다.

스피노자와 만나고 싶다.

전 유럽의 증오를 받는 사람을 찾다니 기이한 일이었다. 네덜란드 고위층은 어둠 속에 숨은 고독한 악마를 수면 위로 끌어내야 했다. 콩데의 요구대로 스피노자가 출동해 강화講和 회담을 이끌어낼 수만 있다면 네덜란드에게는 구원이었다. 회담을 하며 시간을 끄는 것도 침략을 당한 네덜란드에게는 생명수였다.

네덜란드의 엘리트 고위층은 제발 콩데를 만나달라며 스피노자에게 간곡히 부탁했다. 소문대로 스피노자가 사탄과 직접 대화를 나누는 인물이라면, 루시퍼에게 빌린 솜씨로 콩데의 눈을 멀게 하고 귀를 막게 하지 않는다는 보장도 없었다.

스피노자는 잠시 고민을 했지만 그가 사랑하는 공화국을 지킬 수 있다면 시민의 의무를 다하지 못할 게 무어냐는 마음으로 콩데를 만나보기로 했다. 악의 교과서《신학 정치 논고》의 저자와 프랑스군 사령관의 회동은 비상한 관심을 끌었다.

또 한 번, 기이한 일이었다. 스피노자가 콩데 공작의 막사를 방문하자, 다른 사람도 아닌 공작이 사라져 있었다. 그는 루이 14세의 부름을 받고 프랑스로 귀국한 상태였다. 대신 루이 14세의 초청이 스피노자를 기다리고 있었다. 알고 보니 콩데의 요청은 루이 14세의 제안을 전달하기 위한 절차였다.

태양왕 루이 14세는 절대군주이기도 했지만 한편으로 연예인이기도 했다. 그는 셀러브리티로 관심과 주목의 대상이 되는 것도 성공하는 군주의 조건이라고 믿었다. 스피노자의 보호자

스피노자

겸 후원자가 된다면 그보다 더 뜨거운 관심을 받을 일은 없었다.

루이 14세는 프랑스 이주를 제안하면서 프랑스에서 부유하고 영예로운 생활과 학문의 자유를 보장했다. 조건은 단 하나, 다음에 나올 책을 루이 14세에게 헌정하는 것뿐이었다. 루이 14세는 유럽의 독자들이 《신학 정치 논고》처럼 핫한 책의 첫 장에서 '루이 14세 폐하께 바침'이라는 구절을 맨 먼저 읽었으면 했다.

스피노자는 고민하지 않았다. 그는 유럽 제일의 군주에게 다음과 같은 대답을 돌려보냈다.

누군가에게 책을 헌정해야 한다면, 나는 내 책을 오직 진리
그 자체에만 헌정하겠소.

이 통렬한 거절은 우아한 돌려까기다. 루이 14세 하면 떠오르는 개념이 왕권신수설이다. 군주의 권력은 신이 점지했다는 논리다. 스피노자는 거절의 한 문장 속에서 왕권의 신성함은 물론 그것의 존립 근거인 유일신의 의지까지 진리와는 거리가 멀다고 선언한 셈이다.

스피노자가 아무런 성과 없이 돌아오자 실망한 시민들은 분노를 불태웠다. 과연 스피노자는 악마의 하수인이었다. 스피노자가 프랑스 측의 첩자라는 소문이 퍼졌고 순식간에 기정사실화되었다. 전쟁에 지쳐 있던 그들은 더빗 형제를 린치해 죽인 폭도로 변해 스피노자의 숙소로 몰려들었다. 더빗 형제가 죽은 것도 그들이 오라녜 공 빌럼 3세 암살을 모의중이라는 소문 때문이었다.

스피노자는 목숨을 구걸하지도, 결백을 외치지도 않았다. 평소처럼 고요한 모습으로 폭도들을 내려다볼 뿐이었다. 죽음 앞에 초연한 스피노자의 모습에 폭도들은 마법처럼 김이 빠졌다. 마치 스피노자의 침착함에 모두가 전염된 듯했다. 그들은 터벅터벅 왔던 길을 되돌아갔다.

스피노자도 중노동과 야간 집필의 일상으로 되돌아갔다. 그는 1674년, 보다 수척해진 모습으로 필생의 대작《에티카》를 완성했다. 그러나 이 해는 네덜란드의 '몸통'인 홀란트 주가《신학정치 논고》를 금서로 규정한 해이기도 했다.

스피노자는 개인이라는 존재의 조건을 극한으로 끌어올렸다. 극한의 공간에서 개인을 기다리는 동굴의 주인은 고독이다. 생각의 자유를 대가로 스피노자는 증오와 오해의 대상이 되는 삶을 받아들였다. 결국 자유란 무엇을 얻고 잃을지를 알고 선택하는 거래다.

스피노자는 고독에 몸부림치지 않았다. 담담하게 품고 자신의 일부로 녹여냈다. 개인은, 결국 나란 존재는 철저히 혼자라는 사실에 직면한다. 오해로 가득한 세상 속에서 믿음직한 대화 상대는 거울 속의 나 자신뿐이라는 막막한 현실이 개인의 종착역이다. 그러나 이때는 역설적이게도 개인이 자신의 존재와 삶을 순순히 긍정하기 시작하는 시점이기도 하다. 스피노자의 삶은 고독한 개인의 탄생이다.

네덜란드가 아무리 종교의 자유에 관대한들, 그 종교들이란 천주교, 개신교, 유대교였다. 이들이 모시는 유일신은 하나, 여호와다. 스피노자의 철학은 자유와 관용을 넘어 세계관을 뒤집었다. 《신학 정치 논고》 이후 이 책을 반박하기 위한 비판서 출간이 수년간 유행이었다. 그러나 어떤 책도 성공하지 못하자 아예 금서로 묶어두고 '출전 금지'시킨 것이다.

스피노자는 지지자들과 고민을 거듭한 끝에 《에티카》를 사후에 출판하기로 했다. 《에티카》는 그를 죽일 게 분명했다. 스피노자는 《에티카》가 인류의 자산이 되고 불멸의 지위를 얻으리라 확신했다. 오만이 아니었다. 그저 자신의 지성으로 예측한 그대로였다. 이제 《에티카》의 출간은 서서히 죽어가던 스피노자보다 건강한 친구들의 책임이 되었다.

나, 이기적 개인

《에티카》 완성 2년 후, 1676년 겨울이 되자 유리 미세먼지가 쌓인 스피노자의 폐는 그를 죽음의 문턱으로 끌어당겼다. 스피노자의 건강이 위험하다는 소식이 전해졌다. 그의 친구이자 지지자인 외과의사 로데빅 마이어$^{Lodewijk\ Meyer}$가 천재를 살리기 위해 암스테르담에서 출동했다.

마이어의 집중 관리로 스피노자의 몸 상태는 조금 호전된 듯했다. 1677년 2월 21일 일요일, 여관집 주인 부부는 마이어가 시키는 대로 스피노자를 위해 닭고기 수프를 끓였다. 부부는 스피노자가 닭고기 수프를 맛있게 먹는 모습을 보고 교회에 예배를 드리러 갔다. 오후 4시에 부부가 집에 돌아왔을 때, 스피노자는 평온히 누워 있었고 다시는 일어나지 못했다. 마이어는 부부에게 말했다. 스피노자는 3시 경에 사망했노라고.

셔츠 7장, 바지 2벌, 모자 2개, 속옷, 구두 2켤레, 손수건 5장이 스피노자의 의복 전부였다. 그 외에 침대와 이불, 방석, 여행가방, 의자, 렌즈 세공 기계와 렌즈 몇 개, 작은 초상화, 은 버클 2개, 체스 도구, 은 인장, 마지막으로 그가 집필했던 책상, 책 160여 권이 남아 있었다. 그야말로 한 줌의 유산이었다. 유족들은 장례비용도 충당 못할 유산 상속을 포기했다.

교회에 안치된 '악마의 하수인' 스피노자의 시신은 도난당했다. 스피노자의 유골은 지금도 행방불명이다. 한때 사탄이 기거했던 몸뚱이는 더빗 형제의 시신처럼 온갖 방법으로 능욕 당했을 것이다. 친구들은 스피노자의 시신을 미처 신경 쓰지 못했다. 그보다 더 중요한 일이 있었다.

장례는 2월 25일 빈 관으로 치러졌다. 장례가 끝난 후, 여관 주인은 스피노자의 책상을 포장했다. 스피노자가 사망 몇 주 전 유언으로 남긴 지시때문이었다. "내 책상을 출판사로 보내주세요. 포장에는 어떤 내용도 적지 말고, 세관에 신고하지도 말고요"라는 내용이었다.

스피노자의 책상 속에는 그의 원고가 숨겨져 있었다. 남의 눈에 띈다면 《에티카》는 그의 시신과 같은 운명에 처할 판이었다. 암스테르담의 출판사로 보내진 책상은 세상에서 사라졌다.

스피노자의 친구들이 남몰래 어떤 작전을 펼쳤는지는 알 수 없다. 그러나《에티카》출간이 출판 당일까지 비밀 군사 작전처럼 치러졌음은 확실하다.

얼마 후,《에티카》라는 이름의 책이 세상에 모습을 드러냈다. 이번에도 역시 익명으로 출판되었지만 사람들은 몇 장을 넘기기도 전에 저자를 알아보았다. 라틴어 문장을 이 정도 수준으로 구사할 사람은 스피노자밖에 없었다.《에티카》는 충격의 정도만큼이나 빠르게 금서로 지정되었다. 그러나《에티카》가 음지에서 유통되는 것을 막지는 못했다.

《에티카》는 인간을 바닥까지 떨어뜨린 후 회복시킨다. 그래서 인간 윤리 최후의 보루라 불린다.《에티카》의 골격을 '코나투스Conatus'라는 개념에서부터 짚어 나가보자. 스피노자 이전부터 그리스 로마의 철학에는 '코나투스'라는 개념이 있었다. 코나투스라는 이 단어는 생의 의지, 살아 있으려는 동력을 뜻한다. 스피노자 역시 이 개념을 받아들였지만, 그만큼 구체화시킨 인물은 없다.

자, 여기 코나투스가 있다. 모든 생명체가 스스로를 지속하려는 성질이다. 이는 곧 잠재력이기도 하다. 코나투스로 인해 스피노자가 '아페티투스appetitus'라 부른 욕망이 발생한다. 욕망은 말 그대로 먹고 싶고 자고 싶으며, 성행위를 하고 싶은 인간 내부의 동력이다.

인간은 지능이 있기에 아페티투스는 '쿠피디타스^{cupiditas}'로 진화한다. 쿠피디타스는 욕망이 아니라 욕구다$^{•}$. 욕구란 자신의 욕망을 인지하는 것이다. 둘은 다르다. 욕망은 단순히 채우고 해소하는 대상이다. 욕구의 단계에 이르면 인간의 삶과 떨어질 수 없다. 욕구란 관리하고 실현하고 때로는 억제해야 하는 것이다. 인간은 욕망이 아닌 욕구가 있기에 '자아실현'을 할 수 있다.

이제 라에티티아^{laetitia}와 트리스티티아^{tristitia}라는 개념이 뒤따라 나온다. 라에티티아는 쾌락이다. 욕망과 욕구가 충족되는 상태다. 반면 트리스티티아는 고통이다. 욕망과 욕구가 좌절되는 상태다.

그렇다면 선善과 악惡악은 무엇인가? 선은 '보눔^{bonum}', 악은 '말룸^{malum}'이다.

_보눔은 모든 종류의 쾌락, 그리고 쾌락을 가져오는 모든

• 아페티투스와 쿠피디타스의 한국어 번역은 다양하지만 일반적으로 아페티투스를 욕구, 쿠피디타스를 욕망이라고 번역한다. 하지만 '욕구'라는 단어에 대한 현대 한국인의 접근이 '욕망' 보다 확연히 광범위하다고 판단해, 아페티투스를 보다 단순한 어감을 가진 욕망으로, 아페티투스가 진화한 결과인 쿠피디타스를 보다 다양한 해석이 가능한 '욕구'로 다시 번역했다.

나는 개인이다

것이다.

_말룸은 모든 종류의 고통, 그리고 고통을 가져오는 모든 것이다.

이것이 선악이며 도덕이다. 놀랍게도 이걸로 끝이다. 쾌락이 선이고 불쾌가 악이라는 게 전부다. 과연 우주 어디에서나 통하는 보편적이고 선험적인 보편타당한 선과 악이 존재하기는 하는가? 에티카는 바로 이 질문에서부터 시작해 결국 싸늘한 답을 적는다.

만약 글쓴이가 지나가는 사람을 칼로 찔러 죽이고 돈을 빼앗아도 된다면야, 나한테는 좋은 일이다. 하지만 그건 선이 아니라 악이어야 하지 않을까. 그게 왜 악이고, 인간은 선해야 하는지 증명해줘야 하지 않을까. 윤리학이란 인간이 선하게 살아야 한다는 전제 아래 무엇이 선이고 왜 그런지를 설명하는 게 아니었던가?

스피노자는 인정사정없다. 증명해야 하는 의무를 가지고 노력할 일이 아니다. 사유의 결과가 자연스럽게 증명이 되어야만 실제로 존재한다고 주장할 수 있다는 게 스피노자의 접근법이다. 스피노자는 묻는다. 선악이 실존하기는 하는가? 그는 그렇지 않다는 답을 낸다. 선악은 상대적이며, 따라서 존재하지 않는다고 스피노자는 말한다. 즉 어쩐지 있어야 할 것만 같은 '도덕'은 원래 없다. 뿐만 아니다. 인간의 존재 목적이란 것도 없다.

스피노자의 철학에서 인간은 목적을 가지고 태어나지 않는다. 그저 어머니가 임신해서 태어날 뿐이다. 인간의 삶에는 숭고한 선험적인 목적이 없다. 애초에 그런 생명체는 없다. 인간에게 사명이라는 것도 없다. 예를 들어 부국강병의 사명을 가지고 태어난 사람이 있다고 하자. 부국강병은 전쟁과 떨어질 수 없다. 그는 외국인을 많이 죽이는 사명을 가지고 태어났다는 뜻인데, 외국인은 인간이 아니란 말인가.

인간은 효도, 애국, 헌신, 봉사 따위를 위해 태어나지 않는다. 좋은 사람이 되기 위해서도 자손을 많이 퍼트리기 위해서도 태어나지 않는다. 그런데도 삶의 목적이 있어야 한다면, 인간은 단지 행복하기 위해 태어난다. 이게 인간론의 전부다.

그럼 인간이란 대체 어떤 존재인가? 인간과 다른 동물을 구별해주는 요소는 쿠피디타스, 욕구다. 욕망과 욕구는 다르다. 욕구란 자신의 욕망을 인지하는 능력이다. 단지 배고파서 먹이를, 발정이 나서 이성의 육체를 원하는 데 그치는 게 아니다.

우리는 그러한 욕망을 가진 스스로를 인지함으로써 '나는 어떠한 사람이다', '나는 어떤 음식을 좋아한다', '나의 이상형은 말하자면 이런 사람이다'와 같은 욕구를 감지한다. 물론 이는 높

나는 개인이다

은 지능 즉 이성 덕이다.

인간이 이성적 존재인 이유는 만물의 영장이어서도 아니고 신이 로고스를 빌려주어서도 아니다. 인간은 특별하지 않다. 새가 날개를 가지고 태어나 나는 능력을 발휘하듯, 인간도 이성을 가지고 태어나 사고한다. 물론 인간은 이성의 힘으로 많은 일을 해낸다. 그래서 스피노자 철학에서 인간은 '따지고 보면 운 좋은 동물'이다.

최근 들어 인간의 전유물이라고 생각했던 추상 능력, 언어 능력, 자기 인지 능력 등은 모두 뇌의 작용으로 생물학적인 설명이 가능해졌다. 그리고 다른 동물들에게서도 해당 능력들이 발견되는 중이다. 똑똑하기로 유명한 새인 까마귀가 한 예다. 결국은 스피노자가 맞았다. 그는 반박 불가능한 연역 논리로 책을 써 내려갔다. 《에티카》의 전체 구성은 기하학적으로 설계되어 있다. 이 책의 정식 원제는 《기하학적 순서를 통한 에티카》다.

인간은 한 번 살고 죽으며, 최대한 행복을 추구하면 그만이라는 스피노자의 윤리학은 얼핏 보면 윤리라기보다 윤리가 사라진 폐허처럼 느껴진다. 그러나 동시에 공허한 규율이 사라진 자유이기도 하다. 이 토대에서 인간은 누구나 행복을 추구할 권리를 보장받아야 한다는 기가 막힌 결론이 도출된다.

스피노자는 인간이 타인의 자유와 신념에 간섭하는 것을 극도로 혐오했다. 스피노자의 철학에서는 이교도에게 신성모독이라며 손가락질하는 그 사람이 다름 아닌 신성모독자다. 그의 믿음과 이교도의 믿음은 동등하다는 진리를 모욕했기 때문이다. 스피노자에게 진리와 신성은 같은 말이다. 인간은 욕망하는 존재이며, 욕망들 사이에는 본질적인 우열이 없다. 그러므로 세상엔 뛰어난 두뇌나 인품을 지닌 사람도 있고, 그렇지 못한 이도 있지만 존엄성이란 차원에서는 모두 '동등한 인격체'다.

스피노자에게 인간은 만물의 영장도 아니고, 신의 사랑스러운 피조물도 아니다. 인간은 그냥 동물이다. 우주 안에서 모든 사물과 생명은 다른 의미를 갖지 않는다. 우리는 능산이자 소산이다. 우리의 원인이자 결과다. 인간이 특별해서가 아니라 다른 생물과 사물도 마찬가지다. 인간에 대해 놀랍도록 차가운 스피노자의 존재론은《에티카》에 이르러 윤리학의 정점으로 발전한다. 그 정점에는 자유로운 시민이 있다.

자유로운 시민은 국가의 목적이자 존재 이유다. 스피노자는 현대 국가관의 완성자이자 근대 서양 시민 윤리의 근거다. 시간이 흘러 18세기부터는 고급 지식인이라면 스피노자를 자신만의 방법으로 칭송할 줄 알아야 했다. 스피노자의 후예들이 근대의 법철학과 국가론을 만들었다.

백성이 아닌 국민의 개념을 바로잡아야 하는 시대가 도래하

나는 개인이다

자 국민 국가의 일원인 인간이 어떠한 존재인지 규정할 철학적 토대가 필요했다. 이때 스피노자가 소환되어 현대적 시민의 개념이 정립되었다. 그러기 위해서는 전통적 윤리관이 파괴된 폐허 위에 근대 시민윤리가 피어나야 했다.

나, 윤리적 개인

스피노자는 국가가 추구해야 할 가치를 조화, 균형, 관용이라고 정리한다. 이는 국가의 가치일 뿐만 아니라 국가 자체다.

행인에게 강도질이 허용되는 사회에서는 강도 역시 살해당할 수 있다. 범죄가 허용되는 사회보다는 법적으로 금지된 사회에 사는 편이 결과적으로 행복할 것이다. 이러한 입장에서 스피노자는 권리와 책임, 의무의 균형 상태를 추구했다.

한 시민이 어떤 옷을 입을지 결정할 자유는 누릴 수 있어도, 공공장소에서 옷을 벗을 자유는 허용되지 않는다. 대신 그는 노출증을 참는 대가로 그 역시 타인에게 위해를 받지 않아도 되는 권리를 얻는다. 국가란 모든 개인이 평화롭게 최대한 나름의 행복을 추구하며 살 수 있도록 배려하고 필요할 때만 간섭하는 조

133

정자여야 한다. 프랑스어로 똘레랑스^{tolérance}라 불리는 관용의 밑 그림 역시 스피노자의 철학에서 최초로 등장한다. 그는 당신의 신체와 삶에 직접적이고 심대한 피해가 없다면 남이 뭘 하든 참 아야 한다고 설파한다.

《에티카》는 인간이 선하게 살아야만 한다는 객관적이고 보 편적 근거로 결론을 내리지 않는다. 《에티카》의 결론은 '시민사 회'다. 개인들이 되도록 좀 더 자유롭고 보다 덜 불편하기 위해 사회계약을 맺은 상태가 그가 생각하는 국가다. 즉, 이기적인 개 인들이 적당히 타협한 상태를 말한다. 스피노자에게 있어 충성 을 강요하는 국가는 국가가 아니다.

자유가 억압되어 사람들이 울타리 안에 갇히고 권력의 허락 없이 움직일 수 없는 사회에 이르면 … 국가에 대한 충성과 믿음은 파괴될 것이다.

여기서 스피노자는 전대미문의 명언으로 방점을 찍는다.

인간은 사회적 동물이다.

교과서에서는 이 말을 아리스토텔레스가 했다고 전하지만,

아리스토텔레스가 말한 사회적 동물은 사실 정치적 동물을 의미한다. 그리스 시민계층에게 사회생활이란 곧 정치활동이었다. 현대의 우리가 '사회적 동물'이란 표현을 이해하는 방식은 스피노자의 철학에서 태동했다.

인간은 일정한 룰이 있는 사회에서 보다 행복해질 가능성이 높다. 인간은 자유롭고 행복해야 하므로, 사회성을 적절히 활용해 국가를 꾸리는 편이 좋다. 여기서 국가는 철저한 도구다.

그런데 개인들이 자유롭게 행복을 추구하기만 하면 헐벗고 굶어죽는 사람은 어쩌란 말인가. 빈곤으로부터의 자유도 자유다. 그래서 스피노자는 복지국가를 꿈꾸었다. 그러나 그의 복지국가론은 집필을 마치지 못하고 사망해 미완성 유고로 남았다. 그런 점에서 스피노자는 마르크스의 선조다. 그의 별명 중 하나는 '유물론자들의 모세'다.

스피노자 철학에서 권력은 시민이 권력자들에게 임대한 시민의 재산이다. 권력자는 본질적으로 세입자다. 권력이 작동하는 방식이 투명해야 시민이 사회를 감시하고 조정할 수 있다. 스피노자는 최초로 언론의 자유를 주장했다.

우주를 관통하는 보편적 선이 사라진 자리에는 공공선과 공익이 남고, 악 대신 부정과 기회주의가 남는다. 국가도 사회도 윤리도 모두 거래일뿐이다. 개인적 범죄도 공적인 부정부패도 모두 부당 거래의 차원에서 제지당해야 한다. 우리는 사회적 동물이므로 타인의 욕망에 왈가왈부할 권리가 없다. 외려 타인의 욕망을 존중함으로써 자신의 욕망도 인정받는 거래가 필요하다.

거래는 역사적인 차원에서도 이루어질 수 있다. 우리는 충무공이 지킨 국가의 후예이기 때문에 이순신 장군을 존경하는 염치를 챙겨야 한다. 하지만 선*은 상대적이므로, 이순신은 우리에게는 위인이지만 일본에게는 악마적 존재가 된다.

그런데 스피노자의 철학으로 보면 충무공도 자기만족을 위해 나라를 지킨 게 된다. 충무공은 무인의 의무를 다하고 자신이 지킨 백성에게 존경받으려는 욕구를 위해 구국의 영웅이 되었다. 다만 그의 욕구는 나라를 팔아 부귀영화를 누리려는 이의 쿠피디타스와 비교할 수 없는 드높은 차원의 쿠피디타스다. 이것이 스피노자가 말하는 '공공선'이다. 그는 우주적 진리가 아닌 우리 선조들의 생명과 재산을 지켰다. 이것이 스피노자의 유물론이다.

인간은 행복하기 위해 태어난다고 했건만, 자아실현에 실패할 수도 있다. 실패하면 불행하다. 성공과 실패는 많은 경우 개인이 어찌할 수 없는 문제다. 스피노자는 이때 인간에게 한 줄기 빛이 되는 것이 지식과 진리라고 했다.

• 보눔

스피노자

스피노자는 인간이 꼭 진리를 추구해야 한다고 목소리를 높이지 않았다. 물질적이고 세속적인 삶도 존중받아야 하는 삶의 형태다. 다만 진리를 추구하면 행복에 도움이 된다는 취지였다. 스피노자는 인간의 삶은 한 번 뿐이며, 죽으면 영혼이 갈 곳이 정해져 있지 않고 그걸로 끝이라고 보았다.

스피노자는 삶 자체를 향유하라고 한다. 지금 즐겁다면 만족하고, 불편하면 다른 걸 하면 된다. 철학을 하는 목적도 어디까지나 삶을 위해서다.

철학을 한다는 것은 사는 법을 연습하는 것이다.

만약 세상이 우리의 행복을 방해하고, 그 과정이 불공정하다면 우리는 현실을 타개하기 위해 정치를 해야 한다. 길거리에 나서고 투표를 하고 권력에 삿대질을 해야 한다. 국가란 곧 국민이다. 대통령을 끌어내려 법정에 세운 촛불들은 스피노자의 유산이기도 하다.

스피노자의 개인은 고독한 개인, 이기적 개인을 거쳐 마침내 윤리적 개인으로 완성된다. 윤리적 개인은 시민이다. 윤리적 개인은 선량하고 숭고할 필요가 없다. 우리는 이기적이고 추악하면서도 얼마든지 '에티카'를 발휘할 수 있다. 동료 시민에 대

나는 개인이다

한 최소한의 염치가 있으면 된다. 근대적 시민 사회란 동정심 대신 존중, 사랑 대신 예의로 이루어지는 사회다. 스피노자는 자신이 쓴《에티카》가 윤리학의 최종 보스임을 분명히 알고 있었다. 그는 자만하거나 과시적인 인물이 아니었던 만큼이나 특별히 겸손할 필요도 못 느꼈다.《에티카》는 이렇게 끝난다.

내가 인도한 이 길은 발견하기가 매우 어렵다. 그러나 발견이 불가능한 것은 아니다. 매우 어렵고 보기 드물게 발견되는 길임은 분명하다. 그러나 큰 힘을 들이지 않고 발견할 수 있고 어렵지도 희소하지도 않은 길이라면 누가 일부러 힘을 들여 이 일을 하려고 하겠는가?

이 말을 한 줄로 요약하면 이렇다.
'얘들아 내가 다 끝내놨어.'
스피노자. 그의 생애는 1677년 네덜란드 헤이그의 허름한 하숙방에서 끝났다. 그는 윤리학도 끝장을 내놨으니, 우리가 누리는 근대 시민윤리가 그의 삶으로부터 펼쳐졌다. 스피노자는 사상은 물론 시신마저도 능욕받았으나 그의 철학은 진리의 성전이 되었다. 성전 안에는 신도 로고스도 없다. 대신 보잘것없는 개인, 그러나 그 자체로 이미 충분한 우리 자신이 숨 쉬고 있다.

apple tree

스피노자 하면 바로 생각나는 하나의 문장이 있다.

"내일 지구가 멸망해도 오늘 나는 한 그루의
사과나무를 심겠다."

스피노자는 이 말을 한 적이 없다. 이것이
스피노자의 명언이라는 것은 한국에서만
통용되는 잘못된 전설이다. 1966년 경향신문의
단평란에 사과나무 명언이 스피노자의
것이라는 내용이 실리면서 시작되었다. 5년 후
1971년 중앙일보의 사설에서 또다시 스피노자의
명언이라며 같은 문장을 소개함으로써 한국에서만
기정사실화되었다.

서구에서 이 문장은 종교개혁의 선구자 루터가
남긴 것으로 통한다. 실제로 루터가 살았던 장소
두 곳에 이 문구가 기념으로 새겨져 있다. 그런데
이쪽도 전설이다. 루터가 청소년기에 쓴 일기장에
이 멋진 문장을 썼다는 게 전설의 내용이다. 헌데
그런 일기장은 발견된 적이 없다.

사과나무 격언은 제2차 세계대전 시기 나치즘에
항거하던 독일의 목회자들이 비록 내일 탄압받아
죽을지라도 오늘은 신의 뜻에 따라 살자는 뜻으로
사용했다. 그들 역시 별다른 근거는 없었다. 그저
무작정 루터가 남긴 격언으로 알고 있었다. 암담한
현실과 루터에 대한 존경심이 결합해 탄생한
전설이다.

칸트

Immanuel Kant

1724~1804

나는 칸트이다

스피노자가 소리 없이 걷는 검객이라면 칸트는
전형적인 선비다. 스피노자에게는 기개가,
칸트에게는 지조가 있다. 스피노자가 말하는 개인은
무심하고 냉소적이지만 필요할 때는 칼날을 뽑는다.
칸트가 말하는 개인은 거짓을 모르는 강직한 존재다.
역사상 칸트처럼 많은 존경을 받은 서양철학자는
없다. 칸트의 철학은 이전까지의 철학을 포섭하고
정리해 다시 빚어낸 그릇이다. 그 안에 서양철학의
정수가 흔들림 없이 담겨 있다.

"칸트 이전의 철학은 칸트에게 흘러들어갔고,
칸트 이후의 철학은 칸트로부터 흘러나왔다."

이 유명한 평가 그대로, 칸트는 서양철학의
제왕이다.

쾨니히스베르크의 임마누엘

러시아에는 칼리닌그라드라는 도시가 있다. 이 도시의 원래 이름은 쾨니히스베르크다. 프로이센의 수도이자 왕도다. 프로이센이 독일을 통일하고 제국을 세웠을 때도 제국의 수도는 베를린이었지만 정신적 수도이자 왕도는 쾨니히스베르크였다. 문자 그대로는 왕의 산^山, 실질적으로는 왕의 도시란 뜻이다.

독일은 제2차 세계대전에 패배하면서 가장 소중한 곳을 잃었다. 바로 현재 독일 문화의 원형이라고 할 수 있는 프로이센의 본토다. 본토 대부분을 승자인 러시아와 피해자인 폴란드가 나눠 가졌다. 이후 쾨니히스베르크는 러시아의 도시 칼리닌그라드가 되었다.

독일은 동서독 통일 과정에서 쾨니히스베르크를 포함해 프로이센 본토를 영구 포기하겠다는 맹세를 해야만 했다. 그래도 아쉬운 마음은 어쩔 수 없는지 이곳에는 독일의 기업과 기관이 필요 이상으로 많이 진출해 있다.

임마누엘 칸트는 1724년 쾨니히스베르크에서 태어났다. 왕도에서 제왕이 탄생했지만 왕좌에 오르는 길은 멀고도 험했다. 그의 아버지는 요한 게오르크 칸트^{Johann Georg Kant}였다. 요한은 말안장을 만드는 장인이었다. 아이를 교육시킬 수는 있지만 모자람 없이 지원해주기에는 버거운 전형적인 평민 중산층 가정이었다. 칸트는 11명의 자녀 중 넷째로 태어났는데, 결국 성인이 될 때까지 살아남은 형제자매는 5명이다.

재밌는 사실이 있다. 칸트의 철자는 Kant다. 헌데 요한은 자기가 만드는 말안장에 브랜드를 찍을 때 Kant가 아니라 Cant라는 철자*를 남겼다. 이게 바로 스코틀랜드 식이라는 이유였다. 요한은 집안의 뿌리가 스코틀랜드에서 왔다고 믿었고 아들에게도 그렇게 가르쳤다. 그런데 웬걸. 학자들도 속았건만, 미심쩍어서 연구해보니 칸트라는 성은 '칸트바겐^{Kantwagen}'이라는 곳에서 왔다. 칸트의 뿌리는 쿠르스족이라고 하는 유럽 변방의 해안가 소수민족이다. 아마도 현지에서 천대받는 혈통 출신이다 보

* 혹은 서명

칸트

니 먼 스코틀랜드에서 왔다고 족보를 조작했거나 기억의 왜곡이 있었을 수도 있다.

칸트 집안은 수공업자 가족답게 개신교 중에서도 열심히 일하고 금욕하며 근검절약하는 경건주의를 따랐다. 그 방식이 매우 딱딱했던 모양인지 칸트는 성장기에 몸에 익은 엄숙한 기질을 평생 유지했다. 유난히 공부를 잘했던 칸트는 학자나 법관을 시켜 집안의 격을 높일 기대주였다. 따라서 가업을 물려받거나 다른 장인의 도제로 들어가는 수순에서 제외되었다.

칸트는 '에마누엘Emanuel'이라는 이름으로 세례를 받았다. 그의 본명이다. 그런데 나중에 히브리어를 공부하면서 자기 이름의 원래 형태가 구약성서에 나오는, 하나님께서 우리 곁에 계신다는 뜻의 '임마누엘Immanuel'이라는 사실을 알게 되면서 굳이 이름을 임마누엘로 개명했다. 독일어 에마누엘과 히브리어 임마누엘은 동의어지만 칸트는 개명이 아니라 원형을 복원했다는 데 의미를 뒀다. 이 대목에서 그가 얼마나 심한 원칙주의자인지 알 수 있다.

칸트는 공부만 잘하는 모범생의 전형적인 이미지로 자라났다. 그의 키는 고작 155센티미터였다. 마르고, 골골대며, 운동 못하고, 얼굴도 못생긴데다가 안색은 창백하고, 등도 조금 굽은 볼품없는 외형이었다. 암기력 좋은 두뇌를 드러내겠다는 듯 이마

145   나는 신념이다

는 넓었다.

　아버지 요한은 말안장을 만들어 번 돈으로 칸트를 쾨니히스베르크대학교에 보냈다. 노동 계층 집안에서 목돈을 쓴 셈이다. 칸트는 수학과 철학을 전공하면서 대학을 6년이나 다녔다. 공부를 못해서가 아니라 하고 싶은 게 많아서였다. 우수한 학생이었던 만큼 이대로라면 순탄하게 대학교수가 될 것만 같았다. 지방법원의 고문이나 시의원 같은 직책이라도 겸하면 어엿한 하급 귀족 가문이 될 수 있었다. 그러나 인간사가 뜻대로 되던가. 요한은 아들이 22살 때 사망했다. 이 해에 칸트는 대학을 졸업했다. 박사학위는 자력으로 벌어서 취득해야 할 처지가 되었다.

　배운 게 공부뿐인 칸트는 가정교사로 취직했다. 목사 집안에서 시작해 백작 가문의 가정교사까지, 나름대로 승진을 한 셈이지만 그래봐야 평민 가정교사 신세였다. 그는 귀족 가문의 말 안 듣는 도련님을 상대로 어떻하면 잘 가르칠 수 있는지 고민하고 연구했다. 매사에 학문적 완성도를 추구한 그답게 진지하게 접근했고, 완벽주의 탓에 자신은 아이를 잘 가르치는 사람이 되는 데 실패했다고 결론지었다. 어디까지나 칸트의 관점이다. 실제로 칸트는 쉽게 가르치는 일에 노력한 만큼이나 이 분야의 고수가 되었다.

　생업과 공부를 병행하던 칸트는 1755년, 9년 만에 모교로 돌아와 박사학위를 취득했다. 대학에 제출한 박사학위 논문이 통과되면서 자연스럽게 같은 대학의 강사가 되었다.

엄청난 암기력과 학구열의 소유자였던 칸트는 분야를 가리지 않고 지식을 흡수했다. 그 탓에 오늘날의 시간강사와 비슷한 위치인 사강사의 지위로 푼돈을 받으며 극한의 열정 노동에 시달렸다. 그는 철학, 논리학, 수학, 물리학, 윤리학, 법학, 신학, 천문학, 지리, 역사, 화학, 광물학 등을 가르쳤다. 아무리 당시의 교수가 여러 과목을 가르쳤다고 해도 이쯤 되면 인간의 한계를 초월한 수준이다.

군대에는 '중간만 하라'는 격언 아닌 격언이 있다. 그런데 칸트는 모든 과목의 강의를 지나치게 잘했다. 쾨니히스베르크대학교 입장에서도 보물 상자인 그를 놀리기는 아쉬웠을 것이다. 칸트는 강의도 학문적으로 접근해서 어떻게 하면 가장 쉽게 많은 지식을 전달할지 연구했다. 비유와 유머를 적절히 섞는 기술도 이렇게 개발되었다. 그는 요점 정리의 달인이었다. 어찌나 강의를 잘 했는지 소문이 퍼져 다른 대학 학생들이 칸트의 수업에 원정을 올 정도였다. 심지어 청강생 중에는 외국에서 여행 온 학생도 있었다. 그럼에도 정규직이 되기는 쉽지 않았다. 칸트는 노량진 공시생들의 선조다.

삶의 매듭, 철학의 매듭

칸트가 가난한 강사 처지를 벗어나 정교수가 되기까지는 무려 15년이라는 긴 세월이 걸렸다. 강의의 천재이자 대철학자인 칸트, 그는 서러운 비정규직 인생이었다. 왜 오랫동안 빈궁한 생활에 시달렸을까.

교수가 되려면 어느 한 전공 분야에서 특출나다는 평가를 들어야 한다. 칸트의 야심은 철학에 있었지만 그는 아직 철학에서 족적을 남기지 못했다. 다재다능함과 박학다식은 고용주 측에서야 이리저리 써먹기 좋은 조건이지만 당사자가 교수 임명장을 받기에는 불리하다. 또한 교수는 기본적으로 평생직인지라 자리가 나려면 전임자가 사망하거나 은퇴해야 한다. 칸트가 대학교수직을 갈망하는 오랜 세월 동안 전임자들은 무척 건강했다.

칸트가 지치고도 남았을 때쯤, 드디어 정교수직의 기회가 왔다. 칸트가 하는 강의의 명성은 전국적인 수준을 넘어 국제적이었다. 그의 정규직 취직은 프로이센의 국가적인 문제가 되어버렸다. 프로이센의 문교부가 취업 알선에 나섰다. 그런데 문교부 장관이 제안한 자리는 할레대학교의 문학부 교수였다. 뜬금없이 웬 문학이란 말인가?

정부 관료들은 모든 분야에서 명강의를 구사하는 비결을 칸트의 언어적 재능으로 판단했다. 말솜씨가 아닌 공부의 결과지만 두개골 안쪽은 남의 눈에 드러나 보이지 않는다. 칸트는 거절했다. 철학에 대한 그의 의지는 굳건했다. 거절의 대가로 여전히 곤궁한 생활이 남았다. 남은 선택지는 '투잡'이었다. 칸트는 강사를 겸하면서 42살에 쾨니히스베르크의 왕립도서관 사서로 취직했다. 도서관 사서는 괜찮은 직업이었지만, 그에게는 오직 하나의 목표인 철학교수직을 얻기 전까지 버티기 위한 선택이었다. 죽을 맛이었을 것이다.

1770년, 드디어 쾨니히스베르크대학교에 철학과 정교수 자리가 났다. 칸트는 46세가 되어서야 꿈에 그리던 정규직이 되었다. 저축도 이때부터 가능했다. 그가 내 집 마련의 꿈을 이룬 때는 14년 후인 나이 60세가 되어서다.

생활은 안정되었지만 강의 지옥은 한층 더 심해졌다. 칸트

149 　　　　　　　　　　　　　　　**나는 신념이다**

의 강의는 모두 인기 폭발이었지만 그중에서도 학생들의 사랑을 가장 많이 받은 과목은 세계지리였다. 아이러니한 일이다. 칸트는 평생 쾨니히스베르크 반경 30킬로미터를 벗어난 적이 없었다. 그는 쾨니히스베르크에서 태어나 자라고 공부하고 일하고 사망했다. 흡사 도시의 가로수나 시설물 같은 사람이다. 그러나 암기력 덕에 외국 도시의 다리를 나사 개수까지 설명할 수 있었다.

칸트는 교단보다는 연구와 집필을 위한 서재에 있기를 원했다. 그의 목표는 가르침이 아닌 철학 자체에 있었다. 교수직은 징검다리일 뿐, 진짜 목적지는 철학자였다. 그러니 강의에 강의가 이어지는 나날에 진력날 수밖에 없었다.

나는 날마다 내 교탁의 귀퉁이에 앉아서 무거운 망치를 두들기는 것과 비슷한 강의들을 단조로운 박자로 계속 진행해 나갔다.

그러나 학생들의 평가는 정반대였다. "해학과 재치, 밝은 분위기", "유쾌한 만남의 시간", "수업을 기분 좋게 이끌어준다", "눈과 귀를 뗄 수 없다"는 찬사가 쏟아졌다.

칸트의 전반생은 생활고, 후반생은 강의 지옥으로 정리된다.

당연히 자신의 철학을 집대성하는 데 시간이 걸릴 수밖에 없었다. 1781년, 칸트는 드디어 대표작이자 3대 비판서 중 첫 번째인 《순수이성비판》을 출간했다. 이때 그의 나이 57세. 집필에 10년 가까이 걸린 대작이었다. 그러나 칸트의 친구는 그에게 분노의 편지를 보냈다.

이걸 읽으면서 이해가 안 가는 부분이 있을 때마다 손가락으로 꼽는 중인데 손가락이 모자랄 지경일세.

제자인 요한 헤르더 Johann Gottfried von Herder 는 이렇게 하소연했다.

교수님 지금 반 쯤 읽었는데 더 읽다가는 정말 미칠 것 같습니다.

같은 전문가끼리도 추천할 만한 책이 아니었던 모양이다. 철학자인 멘델스존 Moses Mendelssohn 마저도 분노를 터뜨렸다.

신경쇠약을 유발한다. 젊은 기질을 망친다.

나는 신념이다

그렇다, 이 책은 난해하기로 유명하다.《순수이성비판》완독은 고문에 가까우며 독서라기보다는 자해라고 부르는 편이 옳다. 책을 어느 정도 이해한 사람들의 숫자가 모여야 주목을 받을 텐데 이 과정이 느릴 수밖에 없었다. 책도 저자처럼 대기만성이었다. 간단히 말해 책이 잘 안 팔렸다. 출판사에서 어렵사리 말을 꺼냈다.

교수님, 이번 책은 망한 거 같습니다.

칸트는 당당하게 맞받아쳤다.

시간이 걸리더라도 이 책은 인정받을 거요.

결국은 칸트의 말대로 됐다.《순수이성비판》보다는 역시 지식계층과 학생들이 편히 읽을 수 있는 책이 주목받았다. 이해가가야 칭송도 할 수 있다. 칸트는 계몽주의에 대한 에세이를 출간하고 나서부터 서서히 명성을 얻기 시작했다. 명성과 함께《순수이성비판》이 어렵다는 원성도 커졌다.

칸트는 환갑의 나이에 자신의 철학을 쉽게 이해시키기 위한 책을 따로 썼다.《윤리 형이상학 정초》라고 하는, 웬만해선 읽기 싫은 제목을 자랑하는 이 책 역시 어렵기는 매한가지라 칸트는 이중 삼중의 불평을 들었다. 결국 《순수이성비판》을 더 쉽게 써서 재판을 내놓았다. 칸트의 기분은 별로 좋지 않았다. 그의 기준에서는 애초에 최대한 쉽게 써주었는데 어떻게 재작업을 해야 할 만큼 불평을 늘어놓을 수 있느냐고 독자들을 비판했다.

《실천이성비판》, 《판단력비판》을 연달아 내놓은 칸트는 점차 유럽에서 존경받는 지식인이 되어갔다. 62세에는 쾨니히스베르크대학교 총장에 취임하는 영예를 누렸다. 이후 베를린왕립학술원 회원도 되었다. 노년의 그는 쾨니히스베르크의 명물이자 자랑거리로 주민들의 존경을 한 몸에 받았다.

그렇다면 《순수이성비판》은 대체 어떤 책인가? 아니 그 이전에 어떤 목적으로 기획된 작품인가? 칸트는 서양철학의 제왕이 될 운명이 아니었다. 그는 평범한 형이상학자 중 하나였다. 영국 경험론의 완성자 데이비드 흄David Hume을 읽기 전까지는 말이다. 흄은 《순수이성비판》 출간 5년 전에 사망한 칸트의 선배 철학자다. 칸트의 회고는 정직하고도 묵직하다.

솔직하게 고백하겠다. 내게 데이비드 흄은 이런 사람이다.
그는 내가 수년 동안 빠져 있었던 독단의 선잠에서 비로소
깨어나게 했고, 사변 철학 분야에서의 나의 연구를 완전히

나는 신념이다

다른 방향으로 제시해주었다.

그러나 칸트는 흄의 사상적 제자가 되지는 않았다. 데카르트에서 시작된 대륙 합리론은 영국 경험론에 멱살을 잡힌 상태였다. 흄은 한술 더 떠 합리론을 사망 직전까지 몰고 갔다. 칸트는 합리론을 지키지도, 경험론에 전향하지도 않았다. 두 사상적 조류를 흡수 통합해 자신만의 철학을 완성했다. 경험론과 흄이 합리론을 위기에 빠트린 역사를 살펴보면 《순수이성비판》을 이해할 수 있다.

경험과 이성 사이에서

칸트가 빠져 있었다는 독단이란 무엇이며, 경험론과 합리론은
또 무엇인가? 이때 합리는 '합리적인 가격', '합리적인 사람' 등
과는 쓰임이 다르다. 이때의 합리는 문자 그대로 이치에 완전히
들어맞는다는 의미다.

이치는 보편적이고 형이상학적인 진리를 뜻한다. 진리주의
나 이성주의라 불러도 좋다. 우주의 보편적 원칙이라고 하면 진
리일 것이고, 인간에게 진리를 지각할 수 있는 능력으로 부여되
면 이성이다. 그리스어로는 로고스, 플라톤에게는 이데아에 해
당한다. 우주와 인간성이 본질적으로 형이상학적 원리로 이루어
져 있다는 사조다.

이제부터는 합리론과 경험론을 의인화한 글쓴이의 창작소

155

설이다.

영국 경험론이 묻는다.

"우주의 보편적 질서, 본질적 실체, 인간의 이성이 어디에
있지? 가져와 봐, 눈으로 확인해보게."

합리론은 아직까지 여유 만만한 얼굴이다.

"좋아, 기다려 봐. 연역추리로 증명해줄게. 왜 표정이 그렇게
안 좋아? 의심할 수 없게 수학적으로 증명을 해 준다니까?"

그러자 기다렸다는 듯 경험론이 말을 쏟아낸다.

"이봐 합리론! 네 말은 수학적이고 기하학적으로 신의
존재니, 보편이성이니 하는 게 증명된다는 거잖아.
그러니까 진리임을 의심할 수 없다는 말이잖아.
그런데 어떤 수학 문제의 답이 3인 이유는 공식을 대입해
풀면 3이 산출되도록 문제를 만들었기 때문 아닌가?
너는 정답이 3이라는 숫자 대신 '유일신', '이성'이 되도록

칸트

문제를 짰을 뿐이잖아. 문제 풀이에 대입하는 공식은 수학적 진리여도 문제 자체는 출제자의 창작 아닌가. 네가 낸 문제를 네가 풀고 순수이성이 존재하고 그게 세계의 본질이라고? 어디서 소설을 쓰시나?"

이제 경험론은 거꾸로 합리론을 가르친다.

"뭘 자꾸 증명을 하려고 하시나. 증명하지 말고 실증을 해야지. 책상에 앉아서 우주적 질서를 음미하면 그게 뿅 하고 생겨나기라도 하나? 그건 지식이 아니라 공상이지. 우리 사조이신 프랜시스 베이컨 형님이 그러셨지. '아는 것이 힘이다.' 지식이란 건 말이야, 실증에 의해 가설을 벗어나 정설로 채택되는 게 지식이지. 이걸 경험론적 귀납법이라고 해. 과학은 귀납이라고. 영국이 과학 혁명의 중심이 된 이유를 알겠어?
인간은 경험을 하면서 인식도 생기고 관념도 생겨나. 일상의 경험이 아니라 지식을 얻어내기 위한 의도적인 경험도 있지. 그걸 '실증을 위한 경험'이라고 해서 '실험'이라 한단다. 현실에서 반복적 실험을 통해 실증하는 것이 진짜 지식이고 과학적 방법이란다."

나는 신념이다

합리론이 여유를 잃고 언성을 높였다.

"보편타당하지 않은 불완전한 현실은 허상이라 믿을 수
없어!"

"현실이 불완전하면 자동적으로 네 공상이 완전해지니?"

이제 경험론은 만면에 미소를 띠고 있다. 상처받은
합리론은 쪼그려 앉아 고개를 푹 숙인 채 땅바닥에 원을
그리며 중얼거렸다.

"누가 뭐라고 해도 나는 순수이성을 믿을 거야…."

여기까지가 흄이 등장하기 이전의 이야기다. 흄 역시 경험
론 선배들처럼 보편적 질서 따위 믿을 수 없거니와 있다 한들
인간의 인식 범위를 넘어선다고 했다. 이게 끝이 아니다. 그는
인간의 자아, 즉 '나'도 없다고 했다. 인간이 비물질적이고 이성
적인 주체이자 영혼이라고 믿는 자아는 사실 '인식의 다발'이라
는 것. 인간은 '내'가 있다고 착각할 뿐이라는 이야기다.
우리는 태어나면서부터 감각을 통해 외부의 자극을 받아들

Kopernikanische Wendung

'코페르니쿠스적 전환'이라는 말은 오늘날
각계에서 혁명적인 사고방식의 전환을 가리킬
때 자주 쓰이는 표현으로 칸트가 직접 만들지는
않았지만 사실상 그의 작품이다.

칸트는《순수이성비판》에서 천문학자
코페르니쿠스의 접근법을 거론하며 철학적
방식을 제안했다. 코페르니쿠스는 기존의
천동설에 따라 지구가 고정되어 있고 별들이
지구를 중심으로 돈다고 했을 때 천체의 움직임이
지나치게 복잡하고 아름답지도 않다고 느꼈다.
그는 단순명쾌함이 진리에 가깝지 않겠느냐는
철학적인 직관으로 지구가 태양을 돈다는 지동설을
제안했다. 지동설의 눈으로 하늘을 보니 천체의
움직임이 깔끔하게 설명되었다.

칸트 이전까지 서양에서는 주체적인 인간이
능동적으로 사물을 관찰하고 해석한다고 설명했다.
이에 칸트는 코페르니쿠스처럼 입장을 바꿔보자고
했다. 의식이 대상을 향해 다가가는 것이 아니라
대상이 인간에게 다가와 어쩔 수 없이 의식한다고
가정하면 인식론이 보다 명쾌해진다는 접근이다.
말하자면 겨울바람이 우리의 피부로 하여금
추위를 느끼게 해야 우리 의식이 추위라는 관념을
형성한다는 이야기다.

인다. 이것이 경험이다. 그러면 인식이 생겨나고 의식으로 남는다. 의식은 생각, 기억, 취향 등이다. 예를 들어 '나는 누구누구의 아들이고, 어릴 때 어떤 경험을 통해 개를 무서워하게 됐고, 어떤 꽃이 좋고, 나는 이러저러한 사람이고…' 하는 모든 것들의 하나하나를 국수 가락처럼 묶어서 포장하면 다발이라고 할 수 있다. 흄이 말하는 이성은 보편적 질서가 아니라 그저 인간의 이해력, 다시 말해 요즘 식으로는 지능에 불과하다. 순수이성이 없기에 이성을 담는 그릇인 자아나 영혼도 없다.

우리는 '다발'을 자신의 자아나 영혼으로 착각한다고 흄은 말한다. '나'는 스스로에 대해 갖고 있는 의식의 묶음이다. 유니콘이라는 말이 있다고 유니콘이 있는 것은 아니듯 '나'라는 말이 있다고 내가 실재한다는 뜻으로 이해하면 안 된다. 이러한 흄의 철학은 합리론을 뿌리째 뒤흔드는 결정타였다. 대륙 합리론의 창시자인 데카르트의 '나는 생각한다. 고로 존재한다'는 제1명제마저 끝장날 판이었다.

인간은 '빈 서판'으로 태어나 외부 환경과 의지에 의해 그려지는 그림과 같다는 사상은 급진적이다. 흄의 철학에서는 귀족적인 정신이나 원래부터 이성적인 인간 따위의 구분이 없어진다. 환경과 기회가 주어져야 노력을 통해 좋은 그림이 그려질 수 있다. 이러면 왕부터 하층민까지 인간은 모두 평등해진다. 하층

物自體

칸트는 사물의 본질을 '물자체'라고 했다. 그는
인간은 물자체에 다가갈 수 없다고 냉정하게
선을 그었다. 이것이 칸트의 철학이 남긴
근본적인 고독이다.

감각을 통해 우리에게 경험으로 다가오는
신체 바깥의 세계와 사물에 의해 경험이
이루어진다. 그런데 인간의 감각은 어디까지나
주관적이다. 인간은 감각을 통해서 모든
판단의 근거를 마련한다. 경험이라는 내용이
정신 안에 들어와야 선험적 이성을 통해서
정리정돈을 할 텐데, 경험은 주관적이라는
한계를 벗어날 수 없다.

민들의 무식함은 이성이 없어서가 아니라 그저 배울 기회가 없었던 탓이 된다. 모든 인간에게는 교육받을 권리, 인간다운 삶을 누릴 권리가 있다는 것이 계몽주의다. 흄의 철학은 계몽주의와 직통으로 연결된다.

칸트는 이성주의의 위기 속에서 등판한 구원투수다. '자꾸 흄한테서 도망가지 말고 정정당당하게 우리가 놓지 못하고 붙들어온 '순수이성'이라는 것을 도마 위에 올려 보자! 뼈와 살을 분리해 비판을 해보자'는 것이 칸트의 제안이다.

순수이성'비판'이다. 순수이성'비난'이 아니다. 거부하고 부정하자는 뜻이 아니라 이성의 한계와 기능을 명확히 판가름하자는 취지다. 칸트가 생각하기에 이성은 있다. 다만 합리론은 이성을 과대평가했고 경험론은 이성을 지나치게 평가 절하했다.

칸트는 경험론의 결핍과 합리론의 오류를 바로잡아 인간이 사물과 세계를 인식하는 원리를 재정립하고자 했다. 그는 불가능해 보이는 일을 해냈다. 경험론이 말하는 후천적 경험과 합리론이 붙잡아온 선험적 이성 모두 인간의 지식과 판단을 구성한다고 설명하는 데 성공했다. 칸트는 친절하게도《순수이성비판》을 단 한 줄로 요약해주었다.

내용 없는 사유는 공허하고, 개념 없는 직관은 맹목적이다.

의자의 형태를 이성으로, 나무를 경험이라 가정해보자. 의자가 현실에 존재하려면 둘이 만나야 한다. 인간의 앎은 경험이라는 재료를 이성으로 깎아낸 결과물이다.

전반전이 끝나고 후반전이 시작되었다. 영국 경험론의 계승자는 많아도, 발전의 역사는 흄에서 끝난다고 봐야 한다. 이후로는 경험론이 아니라 영미철학이라고 부르는 편이다. 대륙 합리론이라는 용어도 잦아든다. 이때부터는 독일관념론, 관념철학 혹은 대륙철학이라고 한다. 영미와 대륙의 양자구도는 남았지만 과거의 사조는 흐름이 끝났다. 서양사상은 칸트의 철학을 토대로 다시 시작된다.

철학자의 사생활

칸트는 매일 아침 5시에 일어났다. 하인은 정확히 4시 45분부터 칸트를 깨우기 시작했다. 칸트가 조금만 더 자겠다고 아무리 화를 내고 하소연을 해도 일말의 동정심도 없이 깨워야 한다는 명령을 들었기 때문이다. 15분은 칸트 스스로 잠을 깰 때까지 걸리는 시간을 계산해 나온 답이었다.

아침 식사는 차와 파이프 담배였다. 칸트는 애연가였지만 아침의 담배는 식욕감퇴제의 의미도 있었다. 그는 적게 먹어야 건강하다고 믿었다. 차도 절제의 의미로 일부러 묽은 차를 마셨다. 그는 커피를 광적으로 좋아해 커피 냄새를 맡으면 몹시 괴로워했다. 참아야 하니까 말이다. 커피 기름이 몸에 안 좋다고 믿기도 했고 필요 이상으로 먹는 일을 죄악시했다.

식욕감퇴용 흡연 후 칸트는 서재에서 공부와 강의 준비를 했다. 저녁은 완전히 없앴다. 칸트는 평생 체중 50킬로그램을 유지했다. 대신 점심은 충분히 먹었다. 성공한 후의 칸트는 하루의 유일한 식사인 점심을 정확히 3시간 즐겼다. 물론 이 시간 동안 먹기만 하지는 않았다. 칸트에게는 세상과 교류하는 중요한 시간이었다. 손님은 최소 2명, 최대 5명이었다. 대화는 둘일 때는 도그마에 빠지기 쉽고 6명부터는 맥락을 잃는다는 계산이었다.

말년에는 프로이센과 외국의 명사들, 외교관들이 칸트와 식사하는 영광을 누리기 위해 순서대로 대기해야 했다. 칸트의 식사에는 엄격한 규칙이 있었다. 인사와 덕담, 근황 등 가벼운 수다로 시작해 대화 주제가 점점 진지해져야 한다. 그래서 절정부에서는 꼭 인문학적인 대화를 해야 했다. 감정싸움을 해서는 안 되며, 나중에는 다시 일상적인 수다로 되돌아가 기분 좋게 끝나야 한다. 기분이 좋지 않으면 좋은 척이라도 해야 했다. 칸트는 기승전결의 시간까지 정해놓았다. 연출 의도를 따라가지 못한 손님은 다시는 환영받지 못했다.

오후 3시에 점심이 끝나면 칸트는 잠깐 읽을거리를 훑고 정확히 3시 30분에 산책을 시작했다. 쾨니히스베르크에는 물길이 복잡해서 다리가 7개나 있었다. 매일 같은 시간에 같은 장소를 지나쳤기에 사람들은 그 모습을 보고 시계를 맞췄다고 한다. 칸

165   나는 신념이다

트는 3시 30분 산책을 평생 딱 두 번 빼먹었다. 한 번은 장 자크 루소의 책 《에밀》을 읽다가 푹 빠져서 산책을 놓쳤다. 그럴 만했다. 루소의 사상은 칸트에게 커다란 충격을 안겨줬기 때문이다. 39세에 루소의 《인간불평등기원론》을 읽은 칸트는 계몽주의 철학자가 되었다.

나는 천성적으로 진리를 추구하는 자로 지식만이 인류의 영광을 이룬다고 믿어왔다. 아무것도 모르는 평범한 대중을 경멸했다. 루소를 읽고는 이런 맹목적 편견이 사라졌다. 나는 인간성에 대한 존경심으로 도덕적 평등주의자가 됐다.

갑갑한 선비지만 담담한 몇 문장으로 통렬한 자기반성을 완성한 모습에서 선비의 값어치가 느껴진다. 루소의 영향으로 칸트는 인간은 수단이 아니라 그 자체로 목적이라고 설파했다. 산책을 놓친 또 한 번의 이유는 신문기사다. 그날 신문에 실린 내용은 프랑스 시민 혁명 소식이었다.

쾨니히스베르크 주민들이 칸트를 보고 시계를 맞추는 두 번째 시각은 저녁 7시였다. 그 사연은 이렇다. 칸트는 매일 그린이라는 친구의 집에 방문했다. 방문했을 때 그린은 항상 의자에 앉아 칸트를 기다리며 졸고 있다. 칸트는 잠시 이런저런 생각을 하

칸트

다가 역시 졸기 시작한다. 그러다가 은행 지배인인 루프만이라는 친구가 와서 또 잠에 든다. 마지막으로 모터비라는 친구가 와서 세 사람을 깨운다. 그때부터 그들은 이런저런 주제로 대화를 하다가 헤어졌는데 칸트가 그린의 집에서 나서는 시간이 정확히 7시였던 것이다.

칸트는 잠자는 자세도 연구를 통해 완벽히 수립했다. 동시대 목격자의 증언이다.

수년간의 습관을 통해 그는 특별한 기술을 습득했다. 그 기술은 자신의 몸을 이불로 둘둘 싸는 것이다. 잠자리에 들 때, 그는 먼저 침대 끝에 앉았다가 가볍게 침대 안으로 뛰어들고는, 이불의 한쪽 모서리를 한쪽 어깨 위에서 등 밑을 지나 다른 쪽 어깨에 닿도록 끌어당기고, 특별한 기술로 역시 다른 쪽 모서리를 그 밑으로 싸 그렇게 계속 온몸을 감싼다. 이렇게 몸을 싸서 마치 누에가 고치를 짓는 것과 같은 모양을 하고는 잠이 들기를 기다린다.

칸트는 모든 사람이 처음부터 일정한 양의 잠이 배정된 채 태어난다고 믿었다. 그의 논리대로라면 잠을 많이 자는 게으른 사람은 늙어서 적게 자야 할 텐데, 그럴 리가 없잖은가. 그러면

나는 신념이다

자기가 평생 할당받은 수면 시간을 넘어선다. 칸트는 초과된 수면 시간만큼 수명이 준다고 믿었다. 나름 연구와 관찰 끝에 내린 '과학적' 결론이었다.

그는 매일 정확하게 7시간 수면을 지켰다. 10시에 잠들어 5시에 일어났다. 한 번은 귀족의 마차 드라이브에 초청된 적이 있었다. 귀족은 존경받는 철학자에게 시골길을 달리는 즐거움을 선사해주고 싶어서 마부에게 교외를 한 바퀴 돌라고 지시했다. 당연히 드라이브는 길어졌다. 칸트의 기준으로는 하루 일과가 엉망이 되었다. 그는 밤 10시에 집에 돌아와 분통을 터뜨렸다. 지금쯤 침대에서 이불로 누에고치를 만들고 있어야 하는데 옷부터 갈아입어야 하니 견딜 수 없는 일이었다. 칸트는 생활에 규칙을 부여해 엄수했다. 당연히 어느 누구의 마차 드라이브에도 따라가지 말아야 한다는 항목이 추가되었다.

칸트 같은 원칙주의자에게 결벽증이 없을 리 없다. 모든 물건이 정확히 그 자리에, 그 각도로 놓여 있어야 했다. 가위나 주머니칼 따위가 조금 비뚤게 놓여 있으면 견디질 못했다. 의자가 제자리에 놓여 있지 않으면 불안해서 안절부절했다. 하지만 소음만큼 그를 괴롭히진 못했다.

옆집 병아리가 자라서 수탉이 되자 칸트는 일생일대의 위기를 맞았다. 수탉의 울음소리에 노이로제에 걸리고 말았다. 철학 연구를 못할 지경이 되자 수탉을 사들여 요리로 만들려고 했지만 뜻대로 되지 않았다. 수탉 주인이 "명망 있는 철학자가 고작 수탉의 방해를 받는 걸 이해할 수 없다"고 묻자 칸트는 설명에 실패하고 말았다.

결국 수탉을 피해 이사를 갔는데 하필 이사한 집이 쾨니히스베르크 감옥 옆이었다. 그런데 감옥에서는 수감자들에게 죄를 뉘우치게 한다는 목적으로 매일 찬송가를 큰 소리로 부르게 했다. 그것도 창문을 열어놓고서 말이다. 수탉과는 비교도 되지 않는 고문이었다. 칸트는 시장에게 항의했다.

> 감옥에서의 그와 같은 행위는 위선적이오. … 수감자들이 작은 목소리로 노래를 부르면 그들의 영혼이 구제받지 못하기라도 하듯이, 창문을 닫아도 노랫소리가 들릴 정도로 그들이 그토록 큰 소리로 찬송가를 불러야 할 이유가 있다고 생각하지 않습니다.

그러나 교도소 행정이 민원 하나에 바뀔 리 없었다. 칸트는 얼마나 화가 쌓였는지 그답지 않게 복수를 감행했다. 칸트는 《판단력비판》 2판에서 따로 각주를 추가해 교도소 문화를 강도 높게 비판했다.

나는 신념이다

칸트에게 예측 불가능한 변화는 불편이 아니라 공포의 영역이었다. 성공하고 집사를 부릴 수 있게 된 칸트는 그에게 무려 10년 동안 같은 옷만 입도록 명령했다. 집사도 사람이다. 그는 한 가지 옷차림만 고수하기엔 지겨운 나머지 딱 하루 자기 취향대로 옷을 입었다. 충격을 받은 칸트는 실신 직전까지 갔다.

철학뿐 아니라 생활에도 영국 경험론을 적용한 칸트는 즉 일상의 소소한 문제에 귀납적으로 접근했다. 시도 때도 없이 가설을 세우고 이론을 수립했는데 아시다시피 귀납법의 가장 흔한 실수가 성급한 일반화의 오류다. 그중 걸작은 〈호흡조절을 통한 정신치료 및 예방〉이라는 논문이다.

코감기가 잘 걸리던 칸트는 이런저런 방식을 다 시도해보다가 실패한 후 하루는 홧김에 코로만 숨을 쉬기로 했다. 당연히 코가 막혀 있으니 잘 안 되고 괴롭지만 정신력을 가지고 반복하다 보니 마침내 코가 뻥 뚫리더라는 이야기였다. 이걸 하다 보면 정신력도 단련된다는 이론을 수립했다.

기침감기 역시 약 대신 정신력으로 극복 가능하다고 주장했다. 사람은 기침을 하면 입이 벌어지기 때문에 당연히 입으로 숨을 들이킨다. 칸트는 침대에 바로 누워서 입을 다물고 코로만 숨을 쉬도록 노력했다. 입에 침이 고이고 얼굴에 피가 몰리는 등 대단히 괴롭지만 "실로 대단한 정신 집중이 요구된다"고 쓸 정도로 인내심을 발휘해 오직 정신력으로 코로만 숨을 쉬었다. 성공하고 나면 스스로가 뿌듯해져 기분도 좋아지고 감기도 물리칠 수 있다는 이론이었다. 또 코감기와 기침감기를 연구한 결과 칸트는 호흡을 많이 하면 폐가 약해진다고 믿고 느리고 차분한 호흡법을 개발하기도 했다.

작은 곤충의 생존과 번식에 관한 이론도 빠질 수 없다. 칸트는 외출할 때 항상 방안 창문의 덧문을 닫았는데, 그날은 깜빡하고 덧문을 열고 나가 방 안에 빛이 들어왔다. 돌아와보니 빈대가 눈에 띄는 게 아닌가! 칸트는 빛이 빈대와 같은 작은 곤충이 증식하는 데 결정적인 기여를 하고, 빛을 차단하면 효과적으로 해충을 없앨 수 있다는 이론을 세웠다. 그럴 리가 없는데도 칸트는 평생 자신의 이론을 철썩 같이 믿었다. 하지만 그렇게 믿게 된 데는 이유가 따로 있었다.

칸트는 자기 이론이 틀리면 상처받는 정도에서 그치지 않았다. 눈곱만한 의심도 불쾌하게 여겼다. 친구들은 당사자 몰래 칸트의 하인들에게 주인 몰래 침대와 침실을 깨끗이 청소하고, 칸트가 없을 때 창문을 활짝 열어 햇볕과 바람이 들어오게 해달라고 부탁했다. 칸트와의 평화를 위한 친구들의 용단이었다. 하인들은 시키는 대로 했고 방안이 깨끗해지자 빈대는 줄어들었다. 당연히 칸트는 자신의 이론이 귀납적으로 증명되었다고 믿고

171

자신을 배려해준 친구들 앞에서 의기양양하게 자신의 추론을 자랑했다.

칸트는 빈대 퇴치 이론에서 보여준 '과학적 태도'와 마찬가지로 독일인들을 관찰했다. 그 결과 맥주가 몸에 해롭다는 결론을 내리기도 했다. 독일이었으니 많은 이가 맥주를 꽤나 마셨을 게다. 술병이 나도 주정뱅이가 되도 다 알콜 탓이겠지만 칸트가 보기에는 알콜이 아닌 맥주가 문제였다. 와인을 마시는 사람들은 비교적 멀쩡했다는 게 증거였다. 그야 경제적 계층이 달라서였을 테지만 칸트는 와인은 괜찮다는 결론을 내렸다. 그는 와인을 너무 마시는 사람도 아예 안 즐기는 사람도 이성적으로 문제가 있다고 보았다.

칸트에게 식사 초대를 받은 손님 하나가 선물로 맥주를 꺼낸 적이 있다. 그때 칸트는 "그 맥주를 마실 거면 당장 내 집에서 나가라"고 했다. 칸트의 입장에서 '비이성적인' 행동을 하는 손님을 내버려두는 건 스스로에게 크나큰 모욕이었을 테니.

그렇다고 칸트를 바보 취급할 필요는 없다. 그의 과학은 실생활에 상관없는 데에서는 탁월했다. 그는 태양계가 은하의 일부이며, 우주에는 은하가 여기저기에 흩어져 있다는 사실을 추리해냈다. 태양계가 우주의 중심이라고 믿던, 천체 망원경도 없던 시절이다.

칸트

칸트가 실용적인 영역에서도 순전히 맹물은 아니었는데 그는 자세와 공의 타점, 각도에 학문적으로 접근해 출중한 당구 실력을 자랑하기도 했다. 그리고 칸트는 유명한 물건을 발명하기도 했다. 최신 의학에도 관심이 많았던 그는 혈액순환이 건강에 좋다는 이론을 믿었다. 스타킹과 양말은 치마가 긴 여성보다는 남성들의 의복이었는데, 당시에는 고무줄이 없다 보니 스타킹에 탄력이 없었다. 흘러내리지 않게 하기 위해 줄로 꽉 묶어야 했다. 보통 사람이라면 그러려니 했겠지만 칸트는 진지하게 접근했다. 그는 혈액순환을 방해하지 않고 스타킹과 긴 양말을 신을 수 있는 장치를 고안했다. 바로 가터벨트다.

현재 많은 이에게 성적 상상력을 불러일으키며 야한 물건 취급을 받는 가터벨트의 발명가치고는 공교롭게도, 칸트는 평생 성관계를 경험해보지 않았을 가능성이 높다. 그렇다고 그가 마냥 고루한 선비는 아니었다. 칸트는 위트 있고 지적인 대화로 나름 사교계의 스타였다.

칸트는 자신의 볼품없는 외모를 냉정하게 평가했기에 결혼 계획이 없었다. 그러나 보다 보면 매력적이고 신사다운 남자였기에 그에게 청혼한 여인이 있었다. 칸트는 생각을 좀 해볼 테니 기다려달라고 하고는 사랑과 관련된 책을 모두 읽고 결혼을 해야 할 이유와 하지 말아야 할 이유를 정리해 기록했다. 마침

나는 신념이다

내 결혼을 해야 할 이유가 하지 말아야 할 이유보다 4개 더 많이 도출되자 칸트는 청혼을 받아들이려고 여인을 찾아갔으나 이미 7년의 시간이 흐른 후였다. 그 여성은 이미 결혼해 자식까지 둔 상태였다. 칸트에게 청혼한 여성이 한 명 더 있었는데 칸트가 또 다시 학문적으로 접근하느라 시간을 보내는 동안 그녀는 다른 도시로 이사가 있었다. 상처받은 칸트는 심술이 났는지 "결혼생활은 수명을 단축시킨다"는 결론을 수립했다.

그래도 성욕이 아주 없지는 않았던 모양이다. 칸트는 70대에 자기 소원이 "저 아랫마을 우물가 처녀 엉덩이를 보는 거"라고 고백한 적도 있다. 매일 산책하면서 여인네들이 빨래하는 모습을 내려다보았던 모양이다. 가터벨트의 발명자가 무경험자일 수도 있다는 사실이 희극인지 비극인지는 독자 여러분의 판단에 맡기겠다.

나는 신념이다

깐깐한 선비인 칸트가 추구하는 개인에는 도발적인 면모가 없을 것만 같다. 그러나 개성을 과시하는 사람만이 개인은 아니다. 인간이 자기 자신으로 살기 위해서는 확신이 있어야 한다. 확신은 기둥이다. 기둥을 손가락으로 가리키며 "옳다"고 자신 있게 말할 수 있어야 한다. 무슨 근거로 이 세상에 정의가 있다고 외치고 또 믿을 수 있을까. 칸트의 윤리학은 이 질문의 답을 찾는 여정이다.

스피노자의 《에티카》가 인간 윤리의 마지막 보루라면 칸트의 《실천이성비판》은 윤리의 빛나는 첨탑이다. 스피노자는 인간에게 욕망을 사랑할 자유와 이기적일 권리를 부여했다. 칸트는 흔들리지 말라고 주문한다. 그리고 도덕적 확신에는 그럴듯한 이유가 필요 없다고 격려한다.

서양에서 기독교는 오랫동안 윤리의 근간이었다. 작동 방식은 간단하다. 천국은 만기적금이다. 선행을 쌓으면 천국으로 보상받는다. 반대편에는 공포 마케팅이 있다. 악행이 지나치면 지옥 불에서 영원히 고통 받는다. 주일날 교회에 가는 일은 은행 방문과 같다. 예배로 적금을 넣는다. 원죄는 부채 원금이고 회개로 부채 이자를 납부한다.

칸트는 "신의 존재는 증명되는 것이 아니라 요청되는 것"이라고 했다. 인간은 신의 존재를 바랄 수 있을 뿐 증명할 수는 없거니와 거래는 신앙이 될 수 없다. 진정한 신앙에는 조건이 없어야 한다. 도덕도 마찬가지다.

예로부터 윤리학의 문제는 보상의 문제였다. 물질적인 보상을 이야기하면 너무 천박해지고 도덕처럼 보이지도 않는다. 처음에는 도덕을 멋으로 해석하는 시도가 있었다. 동아시아의 공자는 계속해서 '군자'와 '소인'을 구분한다. 군자는 '멋진' 사람이다. 고대 그리스 사상도 명예를 중요시했다. 명예는 비물질적이지만 이 역시 기분을 좋게 해준다는 점에서 보상이다. 공자의 군자와 소인배의 비교 속에서 우리는 군자라는 평가를 위해 도덕적으로 살아야 한다. 역시 적금 상품이다.

철학이 다음에 내미는 제안은 정신적 행복이다. 명예조차

준언명령

정언명령이라는 이 개념은, 자유로운 인간은
스스로에게 하나의 명령을 내릴 줄 알아야
한다는 뜻이다.

칸트는 도덕적 명령에는 가언명령과
정언명령이 있다고 했다. 가언명령은 조건부
명령이며 거래다. 정언명령은 무조건적
명령이다. 거래 없는 도덕 자체다.

"네 의지의 준칙이 항상 동시에 보편적 법칙
수립의 원리로서 타당할 수 있도록, 그렇게
행위하라."

칸트 철학에서 준칙^{Maxime, 막시머}은 주관적
규칙이다. 스스로에게 부여한 인생 신조와
같다. 법칙^{Gesetz, 게제츠}은 도덕률이다. 어디서나
통하는 보편타당한 원칙이다.

없을지라도 자신을 긍정하고 스스로에게 부끄럽지 않기 위해 악행 대신 선행을 선택하라는 것이다. 이것이 근대철학 이전까지 있었던 가장 세련된 도덕론이다. 헌데 자기 행복도 따지고 보면 거래임은 마찬가지다. 도덕으로 행복을 구매하는 행위가 아닌가. 칸트는 말한다.

자기 행복의 원리는 가장 혐오스러운 것이다.
계산을 잘하는 법을 가르치는 것이다.

흄은 도덕의 기초를 동정심이라고 했다. 좋은 감정이지만 결국 감정에 불과하다. 동정심을 충족하는 일이나 죄책감을 피하려는 시도나 거래이긴 마찬가지다.

동정심에서 나온 행위는 … 참된 윤리적 가치를 갖지
못한다. 그것은 명예에 대한 바람과 같은 종류의 것이다.

그렇다면 칸트에게 선함이란 대체 무엇인가? 'Der gute wille 데르 구테 빌레'다. 보통 '선의지'로 번역된다. 그저 선 자체를 향해 있음을 의미한다.

칸트

이 세계 안에서 아니, 더 넓게 말해 이 세계 밖에서라도 우리가 제한 없이 선하다고 볼 수 있는 것은 오직 선의지 외에는 아무 것도 없다.

선의지는 마땅히, '단지 그것이 옳기 때문에' 선행을 실행케 한다. 칸트는 보상을 받고자 하는 인간의 본능을 넘어서는 선의지를 이성에 의한 진정한 자유의 상태로 규정한다.

삐딱하게 다가서면 무작정 착하면 된다는 말로도 들린다. 칸트가 추천하는 자유의 상태는 영 추상적이다. 누군가 이렇게 이야기한다면 어찌할까. 난 자유롭게 살기 싫은데요. 욕망에 좀 굴복하면서 살면 안 되나요? 자유롭게 부자유의 상태를 선택하고 싶은 걸요.

칸트의 윤리학은 실체가 희미해 위의 딴죽에 반박할 재료를 끌어오기 힘들다. 그는 진정한 도덕이 무엇인지를 증명하지 않았다. 진짜 도덕은 자신이 생각한 대로였으면 싶겠다는, 증명이 아닌 바람에 불과하다. 칸트의 주장은 엄밀하고 보편타당해 보이지만 진정한 도덕이 못 되는 것들을 가지치기했을 뿐이다. 가지치기하고 남은 것이 몸통이 아니라 그냥 허상일 수도 있다.

그러나 세상에는 '단지 그것이 옳기 때문에' 도덕적 행위를 하는 인간이 있다. 그들은 무조건적인 도덕적 행위가 인간의 선

179

험적 이성에 포함되어 있다는 증거를 보여준다.

도쿄 신오쿠보역 사망 사건의 이수현 씨는 일본 사회에 충격적인 감동을 주었다. 유학생인 그는 술에 취해 선로에 떨어진 취객을 구하기 위해 뛰어들었다가 목숨을 잃었다. 칸트가 말하는 선의지의 발로다. 취객도 못 살리고 이수현 씨를 포함해 3명이 애꿎게 사망한 사건이지만 우리 모두 그의 행위가 옳다는 데 동의한다. 칸트의 설명에 따르면 인간 이성의 힘 덕이다.

간판업자 이승선 씨는 의정부 화재 사건의 영웅이다. 그는 일하러 가던 도중 화재 현장을 목격했다. 아무런 망설임 없이 작업 시 생명줄로 사용하는 밧줄을 매고 옆 건물 옥상을 통해 화재 건물로 진입했다. 이승선 씨는 팔 힘만으로 밧줄을 지탱하면서 여러 명의 시민을 안전하게 구조한 후 담담히 일터로 떠났다. 나중에 취재의 대상이 된 이승선 씨는 곤란해 했다. 자신은 그저 현장을 지나가다 마땅히 사람을 구했을 뿐이라는 이유였다. 의인들의 특징이 이렇다. 그들은 하나같이 당연히 해야 할 일이라서 그랬다고 대답하는 경향이 있다.

인간의 선의지는 역사를 발전시키기도 한다. 1992년, 노태우 정권에서 벌어진 군 부재자 투표 부정 폭로 사건이 그렇다. 국군 장병들에게 기호 1번을 찍지 않으면 안 된다는 강압적인 분위기가 전달되었다. 이때 ROTC 출신의 소대장인 24살 이지

문 중위는 부정 투표는 옳지 않다는 이유 하나로 부대 밖을 나와 진상을 폭로했다. 고려대학생이던 이지문 중위는 데모도 안하던 소심하고 내성적인 학생이었지만 정의를 선택했다. 헌병에 연행되고 갇힌 뒤 불명예 이등병 전역을 당했으며 정해져 있었던 삼성그룹 입사가 취소되는 불이익을 받았다. 그러나 정의 앞에서 후회는 없다고 증언했다. 덕분에 우리나라 민주주의가 한 단계 또 발전했음은 두말할 나위도 없다. 그를 진정한 자유인이 아니라고 비판할 수 있을까? 이들 앞에서 칸트의 선의지는 허구라고 주장할 수는 없는 노릇이다. 칸트 철학은 비판하기는 쉬워도 어지간해서는 부정하기 힘들다.

스피노자의 근대 시민윤리는 세련됐다. 그의 논리는 기하학적으로 완벽하다. 그러나 세상은 완벽하지 않다. 스피노자가 꿈꾼 민주주의 사회는 완전무결하게 형성되지 않는다. 이기적 개인들은 독재와 부조리를 이길 수 없다. 각자의 사정이 워낙 소중하기에 남들을 위해 희생을 자처할 일이 없다. 정의 자체를 향해 뚜벅뚜벅 걸어가는 칸트의 개인 없이 스피노자의 개인이 마음 놓고 행복을 추구하는 세상은 오지 않는다. 인간에게는 스스로 부여한 마음의 기둥이 있어야 한다. 구구절절 설명할 수 없어도 필요한 순간 '그렇다!', '아니다!'라고 힘주어 말할 수 없다면 온전한 개인이 아니다.

181

칸트는 79세에 쓰러졌다. 현재는 뇌출혈로 추정된다. 의사는 시름시름 앓는 칸트에게 곧 완쾌될 거라며 매일 안심시켰다. 하루는 맥박이 더 좋아졌다고 하고 하루는 배변 상태가 나아졌다고 했으며, 또 하루는 땀 흘리는 게 달라졌다고 했다. 칸트의 친구가 병문안을 와서 병세가 어떠냐고 묻자 그는 그제야 의사를 비판했다.

나는 날마다 나아지고 있는데, 그 때문에 죽어가고 있네.

칸트가 사망하기 4일 전이었다. 마지막으로 방문한 의사가 방 안에 들어서자 칸트는 병상에서 힘겹게 일어났다. 그는 인사를 나누고도 여전히 서 있었다. 당연히 의사는 제발 앉으라며 권했다. 그러나 칸트는 당황해서 불안해하며 머뭇거렸다. 의사는 기력이 다한 철학자가 왜 이러는지 이해할 수 없었다. 칸트를 돌보던 친구는 의사에게 먼저 앉으라고 했다.

손님이 먼저 자리에 앉아야 따라 앉을 것입니다.

의사는 여전히 무슨 뜻인지 몰라 안절부절했다. 마침내 칸트가 힘겹게 입을 열었다.

부디 저로 하여금 타인에 대한 예의를 갖추게 해주십시오.

의사는 감격과 슬픔에 눈물을 흘리고 말았다. 손님 앞에서 보여야 할 예의는 사소할지 몰라도 그만큼 칸트는 철저한 원칙주의자였다.

칸트의 마지막 순간은 음미하면 할수록 입안에 단맛이 퍼지는 감동을 준다. 믿을 수 있는 것은 나 자신 뿐이다. 내 삶이 좋은지 아닌지 판단할 수 있는 이도 결국 나 자신 뿐이다. 칸트의 유언은 짧고 유쾌하다.

좋군^{Es ist gut} **!**

이 말을 끝으로 1804년 2월 12일 새벽, 칸트는 영원히 눈을 감았다. 그의 무덤은 쾨니히스베르크대학교에 조성되었다. 칸트의 묘비에는 《판단력비판》의 유명한 구절이 새겨져 있다. 아마도 철학사상사에서 가장 유명한 묘비명일 것이다.

생각하면 할수록 나를 놀라움과 경건함으로 채우는 두 가지가 있다. 하나는 밤하늘에 반짝이는 별이요, 다른 하나는 내 마음속을 지키고 선 '도덕법칙'이다.

결코 양보할 수 없는 인간의 양심과 존엄. 그것은 칸트에게 'Es ist gut ^{에스 이스트 구트}', 좋은 것이었다.

헤겔

Georg Wilhelm Friedrich Hegel
1770~1831

서양 관념론 철학의 종결자이자 대륙철학의
완성자인 헤겔은 근대의 화신이다. 그는 땅을 다지고
골조를 세우고 벽을 쌓아 근대성을 완공했다.

헤겔로 인해 서양인들은 동양에 대한 우월감의
근거를 확보했다. 그렇다고 헤겔을 고깝게 볼 일은
아니다. 그 덕분에 인류의 역사는 발전하고 또한
발전해야만 한다는 관념을 갖게 되었다. 헤겔은
미래를 향한 낙관과 현실을 응시하는 문제의식을
선사했다.

그의 사유는 장대하면서도 치밀하다. 게다가 세상과
역사에 대한 의무감이 두루 드러난다. 헤겔이라는
거대한 피라미드를 등반하지 않고는 서양철학을
순례할 수 없다.

뒤처진 시대, 뒤처진 사람

게오르그 빌헬름 프리드리히 헤겔은 1770년 8월 27일 뷔르템베르크Württemberg 공작령의 수도 슈투트가르트Stuttgart에서 태어났다. 헤겔은 전형적인 부르주아 가문의 아들이었다. 지금은 부르주아라는 말이 자본가를 가리키지만 그들이 처음부터 자본을 굴린 것은 아니다. 초기 부르주아는 귀족을 위해 봉사하는 고급인력으로 출발했다. 나중에는 귀족의 파이를 나눠먹는 데 성공한 사람들이다. 헤겔의 집안은 초기 부르주아의 전형적인 모습을 띠었다.

헤겔의 어머니는 뷔르템베르크 고등법원 변호사의 딸이었고, 아버지는 운송 회계사 고문이었다. 이 회사는 뷔르템베르크 공작의 이익을 위해 존재했다. 그야말로 '사⁺자 돌림' 집안이었다. 부르주아의 경제력은 공부에서 나왔다. 헤겔에게 공부는 당연한 의무였다.

헤겔이 13살이던 무렵 헤겔의 어머니는 담즙증에 이은 고열로 사망했다. 이때부터 아버지의 절대적인 영향력 아래에서 반항 한 번 하지 못하는 아이로 자라났다. 헤겔이 무엇을 배울지, 어떤 직업을 가질지는 아버지의 마음대로였다. 설교사였다. 어색해 보이지만 종교인인 설교사는 부르주아에 속했다. 루터의 종교개혁은 독일의 제후와 선제후들에게 인기를 끌었다. 개신교회는 교황이 지배하는 가톨릭은 잊고 자신의 삶에 충실하라고 가르쳤다.

개신교 신앙은 일하는 사람들의 세금을 걷는 선제후들의 입맛에 맞았다. 가톨릭 안에서는 교황이 상전이기 때문에 성직자가 마음에 안 들더라도 별 다른 대안이 없었다. 반면 영주에게 영지에서 일하는 개신교 성직자는 자신의 신하였다. 설교사 역시 영주를 위해 일하는 고소득 전문직이었다. 공부 잘하는 학생들이 노려볼 만한 직업이었다.

하지만 철학자 기질을 타고 난 헤겔에게 설교사의 운명은 가혹했다. 신학을 통해 내린 결론은 헤겔을 맥 빠지게 했고, 방황하게 만들었다. 신학은 편하고 간단하다. 신이 계신다. 신을 믿고 선량하게 살면 천국에 갈 테고 아니면 지옥에 갈 일이다.

그게 어쨌단 말인가? 천국과 지옥은 죽은 뒤의 문제지, 현실과는 상관없는 일이었다.

헤겔의 관심은 현실에 있었다. 그가 나고 자란 독일은 반동과 적폐의 땅이었다. 유럽의 이웃 나라들은 근대 민족 국가로 발돋움하면서 인권이 향상되었고 이제 인간의 자유를 고민하던 중이었다. 반면 독일은 봉건 영주들의 패악질이 극에 달했다. 그중 헤겔의 고향은 정도가 더욱 심했다. 당시의 봉건 영주는 개인적으로는 선량할지언정 존재 자체만으로 반시대적이었다. 물론 현실을 말하자면, 착한 영주는 눈을 씻고 봐도 찾기 힘들었지만 말이다.

명나라가 조선보다 인구가 수십 배 많다고 해서 정부의 규모가 그에 비례해 크지 않았던 것처럼, 정부라는 조직은 아무리 소국이어도 어느 정도 규모를 갖춰야 한다. 큰 나라도 외교부장관은 한 명만 있으면 되고, 작은 나라라고 없을 수는 없다. 전제군주가 한 명인 중앙 집권 국가라면 그 많은 국민이 하나의 정부에 세금을 나누어낸다. 반대로 독일인들은 수많은 제후들에게 착취당하는 처지였다.

독일의 봉건 영주들은 사치와 수탈의 분야에서 뜨겁게 경쟁했다. 자기 백성은 한줌인데 스페인 황제처럼 누리고 싶어 했다. 어떤 제후는 백성에게 거주와 이동의 자유를 제한했다. 외국에 용병으로 팔기 위해서였다. 전쟁터에서 죽으면 그만이고, 다쳐서 돌아오면 그냥 거지처럼 살도록 내버려뒀다. 심지어 부상병을 현지에 버리고 오라는 명령을 내리기도 했다. 그렇게 번 돈으로 중국제 차도 사 마시고 이탈리아제 가구도 구매했다.

독일의 제후들은 인신매매범이라는 비난을 태연히 받아넘겼다. 독일은 정의도 인간성도 없는 땅이었다. 르네상스가 시작된 지 수백 년은 된 시점이었다. 종교개혁을 일으키고, 음악과 사상, 교육에서도 선진국인 독일이었지만 정작 독일 백성의 삶은 처참했다. 독일은 어떻게 구원될 수 있을까? 신이 나서서 해결해주진 않을 터. 오롯이 인간의 일이었다. '인간만사'는 헤겔 철학의 중요한 몸통이다. 인간이 인간의 일을 해결해가다 보면 지나간 고된 과정이 기록으로 쌓인다. 이것이 역사다. 헤겔의 역사철학은 현실에 대한 문제의식에서 출발했다.

그런 헤겔에게 친구의 영향이 없었다고 하기는 힘들다. 그에게는 바로 옆에서 강력한 영향을 끼친 역사적 인물이 있었다. 18살에 튀빙겐대학교에 입학한 헤겔은 3인실 기숙사로 배정받았는데, 그곳에 룸메이트로 횔덜린^{Friedrich Hölderlin}이란 친구가 있는 게 아닌가. 그렇다. 독일 시인 그 횔덜린이다. 거기에 13살 밖에 안 된 어린아이도 같은 방 침대를 배정받았다. 루터파 신학자인 아버지를 둔 이 소년의 이름은 셸링이었다. 유명한 독일 철학자인 그 셸링^{Friedrich Wilhelm Joseph Schelling}이다. 역사적 인물 3명은 룸메이트였던 것이다.

훗날 '튀빙겐 삼총사'로 불리는 프리드리히 빌헬름 요제프 셸링, 프리드리히 횔덜린, 게오르크 빌헬름 프리드리히 헤겔. 세 명의 프리드리히 중 가장 주목할 만한 인재는 단연 셸링이었다. 불과 13세에 대학생이 되었다는 점에서 알 수 있듯 그는 신동이었다. 그는 5살 많은 형인 헤겔과 횔덜린보다도 지적 수준이 훨씬 뛰어났다.

세 룸메이트는 2학년으로 진학한 1789년 프랑스 시민 혁명 소식을 들었다. 독일 민족은 아직 중앙집권적 전제 군주제도 성취하지 못했는데 이웃 민족은 왕을 끌어내렸다. 세 친구는 아득히 추월당한 현실을 개탄하고 우리도 해내지 못하란 법은 없다는 희망을 불태웠다. 셋은 부모에 의해 신학교인 튀빙겐대학교에 왔지만 2명은 철학자로, 1명은 독일인의 각성과 행동을 촉구하는 시인으로 변모했다.

셸링은 10대 때부터 주목받았다. 그는 헤겔과 함께 지낸 기숙사에서 미청년으로 자라났다. 잘생긴 얼굴과 매혹적인 눈매, 우아하게 피어난 곱슬머리에 감성적인 필력은 그를 스타로 만들기 충분했다. 셸링은 불과 23살의 나이에 예나대학교 철학과 정교수로 취임했다. 그만큼 독일인들은 급했다. 독일에도 희망

191

이 있다는 철학을 전개한다면 누구라도 시대의 지성으로 대접받을 만했다. 그에 반해 대기만성형인 헤겔은 조용한 범재였다.

당시 독일 사상계는 칸트의 철학이 남긴 난제를 해결해줄 인물을 찾았다. 독일 사회에서 칸트는 그가 받는 존경의 크기만큼이나 두터운 벽을 지닌 감옥과 같았다. 칸트는 인간은 본질에 다가설 수 없다고 명확히 선을 그었다. 물자체도, 신도 감각 너머에 있었다. 참된 실체는 신이 알아서 할 일이니 인간에게는 '논외'였다. 인간은 인간의 일을 하면 된다. 아시다시피 칸트의 답은 정언명령이다.

올바른 사람으로 도덕률을 지키며 사는 일은 문제가 없다. 헌데 당시만 해도 독일은 인권이나 윤리의 측면에서는 후진국이었다. 영주가 매를 들면 칸트의 도덕법칙을 지키며 맞으면 그만인가? 이웃이 영주의 착취에 못 이겨 저항하다가 죽임을 당하면 그가 좋은 사람이었음을 기억하며 추모하면 된단 말인가? 칸트의 정언명령을 보다 적극적으로 실천해, 그는 무고하니 차라리 자신을 죽여 달라고 외치는 방법도 있다. 십중팔구 영주는 둘 다 때려죽일 테고 세상은 그대로일 것이다. 이것을 선의지의 실천이라고 부르기도 애매하다.

칸트가 남긴 개인과 세계의 근원적 분열은 프랑스 시민 혁명으로 더욱 심각해졌다. 옆 나라는 백성이 근대의 주체적 시민으로서의 자유를 획득했다. 칸트에 감명 받은 독일인이 정언명령을 가슴에 품고 '나는 제후에게 핍박받는 백성이지만 그래도 부끄러움 없는 인생을 살고 있다'고 읊조린들, 독일 사회의 부조리 속에서는 블랙코미디일 뿐이었다.

일명 '칸트의 난제', 더 심각한 표현으로는 '개인과 세계의 근원적 분열'을 어찌한단 말인가. 칸트의 철학은 워낙 견고하고 정밀해 독일 철학자들이 정면으로 도전하기엔 부담스러웠다. 그럼에도 나름대로 칸트를 넘어서 자신만의 철학 지도를 그리는 데 성공해 스타가 된 사람이 둘 있다. 헤겔의 한 세대 위 철학자 요한 고틀리프 피히테^{Johann Gottlieb Fichte}와 헤겔의 친구 셸링이었다.

피히테는 오늘날 칸트에서 헤겔로 넘어가는 징검다리로 평가받는다. 그의 철학을 한 문장으로 요약하면 이렇다.

자아는 확장된다.

여기 내 자신이 있다. 자아^{自我} 혹은 아^我라고 한다. 자아 바깥의 세계와 사물, 타인인 비아^{非我}도 있다. 독자 여러분은 나에게 비아고, 나 역시 여러분에게는 비아다. 아와 비아는 당연히 분리되어 있다. 여기까지는 칸트와 같다. 그런데 분리를 '대립'

이라 한다면 어떨까. 대립이란 무언가 해결해야 하는 상태다.

어떻게 해결하는지 예시를 들어보겠다. 어느 나라의 엄혹한 시대에 '홍길동'이 민주화 투쟁을 한다고 치자. 세상사에 관심 없는 '장길산'과 길동은 서로가 서로에게 비아다. 그런데 길동이 길산을 설득해 최루탄이 난무하는 거리로 나서게 했다고 해보자. 길동은 길산에게 자신의 의지를 관철시켰다. 길동의 자아는 길산의 자아를 끌어안았고 민주화의 대의 앞에서 두 자아는 합치되었다. 길동은 적극적으로 그의 자아를 팽창시켰다. 길산의 입장에서도 길동의 설득을 받아들이는 일은 주체적인 선택이다. 길산의 자아도 확장되었다.

자아는 인간에 대해서만 확장되지 않는다. 내가 잡초 밭을 가꾸어 장미를 기른다고 치자. 잡초 밭은 내 의지에 의해 정원으로 변화했으므로 역시 자아는 확장된다. 이런 식으로 자아는 계속해서 확장될 수 있는데, 결국 인류 전체의 자아로까지 나아간다. 인류의 자아는 진보적 이상이다. 이를테면 세계평화 같은 것이다.

피히테는 자아에는 무제약적인 가능성이 있으며, 이 사실을 깨달으면 인류 역사를 발전시키는 주체가 된다고 주장해 외로움의 문제를 해결했다. 그렇지만 비정하게 따져 물으면 피히테의 철학이 선사하는 것은 결국 자아가 팽창해 모든 문제가 해결

될 것 같은 희망 사항에 불과하다.

피히테는 열렬한 애국자였다. 나폴레옹의 군대가 프로이센 군을 격파하며 독일을 점령하자 피히테는 애국심을 고취하는 순회 연설을 했고,《독일 국민에게 고함》이라는 연설 모음집을 출간했다. 근대 문명의 수호자를 자처한 나폴레옹은 존경받는 철학자를 해코지하지 않는 멋을 과시했다. 대신 출판사 사장이 끌려나와 총살당했다.

피히테가 말한 확장에는 분명한 순서가 있다. 자아가 인류 전체까지 확장되기 위해서는 먼저 국가와 민족이라는 단위를 거치기 마련이다. 피히테의 애국은 그의 철학에 들어맞기도, 어긋나기도 하다는 점에서 미묘하다. 독일 민족의 관점에서야, 나폴레옹은 비아의 강력한 도전이다. 거꾸로 인류 전체의 입장에서 보면 시민 혁명에 성공한 프랑스가 전쟁을 통해 독일이라는 비아를 포섭한 것이다. 어느 편을 아와 비아로 설정할지는 결국 마음 가는 대로라는 얘기다. 이는 피히테의 철학이 거대한 스케일에 어울리지 않는 허술함을 지녔다는 사실을 보여준다.

셸링의 철학은 피히테보다 더 간단하게 정리된다.

직감.

나는 역사다

인간과 세계는 근원적으로 분열되어 있다. 하지만 간단한 해결책이 있다. 인간과 세계는 사실 하나다. 인간과 타인, 사물, 동식물, 모든 우주는 하나로 연결되어 있다. 그 사실을 깨닫기만 하면 된다. 어떻게 깨닫는가? '직감'을 통해서다. 원래부터 절대적인 것은 이성적 추론이 아니라 직감으로 깨닫는 법이라고 셸링은 설명한다. 이렇게 깨우친 자아를 셸링은 '절대자아'라고 한다.

웅장해 보이지만 내실은 공허하다. 셸링이 주문하는 메뉴는 깨달음이라기보다는 실은 '깨달은 것만 같은 기분'이다. 셸링의 철학은 피히테의 그것보다 훨씬 노골적인 신비주의다. 현실의 문제는 깨달음으로 해결되지 않는다.

피히테가 좌절한 독일인들의 마음에 붕대 역할을 했다면 셸링은 반창고였다. 둘 다 미봉책이었지만 철학의 역사에서 피히테와 셸링은 나름의 역할을 했다. 두 사람은 헤겔에게 아이디어를 제공했다. 아와 비아의 대립은 정반합의, 절대자아는 절대정신의 모티브가 되었다. 그렇다. 이제는 헤겔의 차례였다. 그러나 그는 느릿느릿 성장하는 거북이었다.

헤겔은 서른이 될 때까지 셸링에게 철학을 배우다시피 했다. 셸링에게 헤겔은 어수룩하지만 성실한, 자신이 챙겨주지 않으면 안 될 동네 형 같은 사람이었다. 20대에 존경받는 철학자가 된 셸링과 늦은 나이까지 아버지가 정한 진로에 억눌려 원하던 철학을 하지 못하고 끙끙 앓던 헤겔. 두 사람의 처지는 하늘과 땅 차이였다.

20대의 헤겔은 7년 동안이나 가난한 가정교사 생활을 전전하며 몰래 철학 논문을 집필했다. 무명 중의 무명인 그의 원고를 출간해줄 출판업자도 없었고 감히 아버지 눈앞에서 철학으로 전향할 수도 없었다. 헤겔은 아버지가 돌아가시고 나서야 비로소 마음 놓고 철학의 길을 걷기로 했다. 서른이 넘은 나이였다.

헤겔은 서른이 넘어서도 정규직 일자리를 간절히 원하는 무일푼의 철학도 신세였다. 간단히 말해 반 백수였다. 그를 끌어줄 사람은 5살 어린 셸링뿐이었다. 그는 헤겔에게 힘을 실어줄 테니 자기만 믿고 예나대학교에 이력서를 넣어보라고 권했다. 1804년, 헤겔은 눈물 없이는 볼 수 없는 절절한 이력서를 썼다.

저 게오르크 빌헬름 프리드리히 헤겔은 1770년 8월 27일 슈투트가르트에서 태어났습니다. 아버지 게오르그 루트비히 헤겔께서는 운송 회계사 고문을 지내셨습니다. 아버지와 어머니 크리스티네 루이제 프롬은 제게 개인 교습을 시켜줬을 뿐 아니라 고대어와 현대어 그리고 학문의 기초를 가르치는 슈투트가르트의 공립 김나지움에서

나는 역사다

수업을 받게 함으로써 저를 학문적으로 교육시키는 데 정성을 기울이셨습니다.

저는 18세에 튀빙겐의 신학원에 입학했습니다. … 저는 부모님의 희망에 따라 설교사직을 선택했고 이후 신학이 가진 고전 문학 그리고 철학과의 연계성을 고려해 신학 공부에 충실했습니다.

신학과 졸업 후, 저는 신학을 바탕으로 하는 직업들 가운데 실제 설교사직이 아니어도 할 수 있는 일, 이를테면 고전 문학과 철학을 연구하는 데 필요한 시간을 할애할 수 있는 직업을 선택했습니다.

이러한 직업으로 가정교사직을 베른과 프랑크푸르트에서 찾았으며, 여기에서 제가 결정한 삶의 과제인 학문 연구에 몰두할 수 있는 충분한 시간을 얻었습니다. 두 도시에서 6년간 시간을 보낸 후, 아버지가 돌아가시면서 철학에 몸과 마음을 바치기로 결심했습니다.

예나대학교의 명성은 제 장래를 위해 보다 열심히 공부하고

헤겔

교수로 일할 수 있는 곳이었습니다. 피히테와 셸링이 세운
철학 체계의 차이점, 전자의 불충분한 점에 관한 논문을
써서 그곳에 지원하였으며, 얼마 후 심사위원회로부터 저의
박사학위논문 〈행성들의 궤도에 관하여〉의 공개 변론을
통한 심사에서 교수 허가를 받았습니다. 저는 셸링 교수와
함께 《철학비판잡지》 두 권을 간행하였으며, 이 가운데
저의 논문으로는 다음과 같은 것들이 있습니다.

(중략)

저는 3년 전부터 철학과 강사로 일하면서 여러 강의를
했으며, 작년 겨울에는 수많은 학생들이 강의를 듣기 위해
몰리기도 했습니다. 지난해에는 공작 관할의 광물학 협회의
제2부의장으로 선출되었으며 최근에는 자연 연구 협회에
정회원으로 가입되었습니다.

수많은 연구 가운데 철학이 저의 천직으로 굳어졌기에
친애하는 관계 당국으로부터 정교수로 채용되기를
갈망합니다.

나는 역사다

그야말로 이력서의 교본이다. 부모님, 성장 과정, 업무 능력, 스펙, 희망 사항까지 일목요연하다. 하지만 구차하다. 가정교사 생활은 생계가 아닌 철학 연구를 위한 선택으로 에둘렀다. 무엇보다 이력서의 주인공은 헤겔이 아니라 셸링이다. 별 볼일 없는 경력을 나열하고 있지만 핵심은 셸링이 자신을 알아봐주고 있다는 읍소인 셈이다.

예나대학교는 떨떠름했지만 그래도 셸링의 얼굴을 봐서라도 무경력자 헤겔을 취직시켜주기로 했다. 다음 해인 1805년 헤겔은 드디어 예나대학교에 출근하게 되었다. 그러나 정교수도 부교수도 아닌 원외교수였다. 월급도 나오지 않는 비정규직이었다. 열정노동이었지만 경력이 간절한 헤겔은 거절할 처지가 아니었다. 그는 예나로 거처를 옮겨 허름한 하숙방을 구했다. 복층집의 2층이었다. 요즘의 한국으로 보자면 고시원 생활이 시작된 셈이다.

1806년은 가난에 시달리던 헤겔에게 특별한 해였다. 무엇보다 예나가 전쟁에 휘말렸다. 나폴레옹이 드디어 독일을 접수하러 왔다. 예나 전투에서 프로이센 군대를 박살낸 나폴레옹은 새로 산 물건의 포장을 뜯고 감상하듯이 말을 타고 새 점령지를 둘러보았다. 발코니에서 지나쳐가는 나폴레옹을 내려다본 헤겔은 역사에 길이 남는 혼잣말을 중얼거렸다.

저기 말을 탄 세계정신이 지나간다.

그날 밤 헤겔은 나폴레옹 군대가 승전을 축하하기 위해 축포를 쏘는 모습을 멀리서 바라보았다. 축포의 번쩍임은 밝은 미래를 이끌고 오는 여명처럼 그에게 감동으로 다가왔다. 독일 민족의 일원인 헤겔이 프랑스인 점령자에게 찬사를 바친 일은 얼핏 이상해 보일 수도 있다. 하지만 당대 독일인의 입장에서 보면 이해가 가능하다.

'독일 대표팀'은 프로이센이었지만 프로이센이 곧 민족 전체는 아니었다. 프로이센의 패배는 봉건 군주의 패배다. 프랑스 혁명이야 프랑스 시민들이 일으켰지만, 대포 군단을 이끌고 혁명의 가치를 유럽 세계에 전파하고 다니는 이는 나폴레옹이었다. 현재 선진국이라면 당연한 듯 가지고 있는 근대 법체계는 모두 나폴레옹 법전의 후예다. 이 법전의 원리는 하나, 바로 인권이다. 영주의 말 한마디면 멀쩡한 사람이 사라지는 독일 땅에 자유와 평등의 가치가 도래했으니 헤겔의 눈에 나폴레옹은 근대화의 프로메테우스였던 셈이다.

두 팔을 치켜들고 나폴레옹을 환영한 또 다른 유명한 독일인이 있다. 바로 루트비히 판 베토벤^{Ludwig van Beethoven}이다. 그가 나폴레옹에게 헌정하기 위해 3번 교향곡 〈영웅〉을 썼다는 사실은 유명하다. 나폴레옹이 봉건 군주인 황제 자리에 오르자 "나폴레옹 보나파르트에게 바친다"는 원고의 표제를 펜으로 그어 버리기는 했지만 말이다. 베토벤이 어찌나 화가 났던지 펜촉이 종이를 뚫을 정도였다.

1806년은 헤겔이 묵던 복층집 주인이 사망한 해이기도 하다. 후세 호사가들의 호기심을 자극하는 일이 있었으니, 그가 죽자마자 헤겔은 과부가 된 안주인과 곧바로 애인 사이가 되었다. 두 사람은 다음 해인 1807년에 아들을 낳았다. 남편이 죽기 전에 과연 아무 사이도 아니었을까? 진실은 저 너머에 고이 묻혀 있다.

뒤늦은 사람의 시대

헤겔은 늦게 주목받았다. 그럴 수밖에 없다. 그는 방대하고 정밀하게 철학의 모든 테마를 논리적 모순 없이 쌓아올렸다. 그래서 사상도 저서도 늦게 나왔다. 거꾸로 한 번 명성을 쌓고 나서는 절대자의 지위를 얻었다. 헤겔 철학의 큰 그림은 1807년부터 스케치를 드러냈다. 그는 이 해에 《정신현상학》을 출간했다. 서구 문명의 문화, 사상, 종교를 총망라해 하나의 패턴으로 설명하는 대업의 출발이었다.

셸링의 하락세는 이때부터 시작되었다. 그는 《정신현상학》을 읽고 길길이 날뛰었다. 자기를 비판했다는 이유였다. 학자들끼리 서로 비판하는 건 건전하고 자연스러운 일이다. 전에도 두 사람은 철학에서 있어서 비판적인 사이였다. 셸링은 왜 그랬을까. 자신보다 몇 단계 아래였던 헤겔이 자신을 뛰어넘는다는 가능성을 상상해보지 않아서였다. 그런데《정신현상학》은 명품 중의 명품이었다. 셸링은 헤겔이 반박 불가능한 논리와 자신과는 차원이 다른 스케일을 갖췄다는 사실을 받아들일 수 없었다.

헤겔은 당황하고, 황당했다.

셸링의 철학을 비판했을 뿐이지, 내가 인간 셸링을 비판한 건 아니잖은가.

당연한 말이었지만 셸링의 귀에는 들어가지 않았다. 어릴 때부터 세간의 주목을 한 몸에 받았던 그의 품위와 관대함은 자신이 주인공일 때에만 발휘될 수 있었다.《정신현상학》출간 이후 셸링의 지위는 독일의 미래에서 '헤겔 선생의 친구'로 낮춰졌다. 그는 1809년《인간적 자유의 본질》을 출간하지만 대세로 떠오른 헤겔에 대적하기엔 역부족이었다. 재치와 필력으로 시대의 지성이 되었건만 어수룩한 헤겔에 한 번 추월당하자 재역전은 불가능했다. 셸링의 철학은 여기서 멈추게 된다. 그는 남은 평생을 다음 책을 저술하는 데 보냈지만 결국 미완성 원고로 남고 말았다.

1808년은 헤겔에게 바쁜 해였다. 그는 뉘른베르크 김나지움 교장으로 와 달라는 요청을 받고 예나를 떠났다. 혼자 떠났다고 과부와 친자식을 버렸다고 보긴 어렵다. 애인은 하숙방을 운영해야 했다. 건물을 떼어내 다른 도시로 갈 순 없는 노릇이다. 뉘른베르크에서는 헤겔을 김나지움 교장으로 모시는 조건으로 한 가지 부탁을 올렸으니, 허락해주신다면 《정신현상학》을 학교 수업 교재로 사용하고 싶다는 것이었다.

거절할 이유가 없었다. 헤겔은 드디어 서재, 교장실, 관저, 하인, 두둑한 봉급 그리고 철학을 할 충분한 여유를 제공받았다. 1811년에는 늦은 나이에 결혼까지 했다. 당시 20살이던 신부는 헤겔보다 21년 연하였다. 뉘른베르크 토박이이자 유서 깊은 귀족 집안인 튀셔 가문의 장녀였다. 가난한 노총각이 어느새 귀족 가문의 맏사위가 되었다.

헤겔이 유명해지자 한때는 그토록 취직하고 싶었던 대학에서 먼저 손을 내밀었다. 헤겔은 하나같이 독일 최고의 명문인 에를랑겐대학교, 베를린대학교, 하이델베르크대학교로부터 러브콜을 받았다. 10여 년 전 눈물 젖은 이력서를 썼던 헤겔은 이제 학교를 고르는 입장이 되었다. 그는 1816년 하이델베르크대학교로 자리를 옮겼다. 이때는 연분을 맺었던 하숙집 안주인이 사망한 직후였다. 헤겔은 갓 고아가 된 친아들을 잊지 않고 데려와 가족의 일원으로 받아들였다.

1818년에는 베를린대학교 철학과 교수로 부임했다. 그리고 8년간 VIP 신분으로 빈, 파리, 프라하 등지를 돌며 명사들을 만나고 강연도 하는 우아한 생활을 누렸다. 이쯤 되니 셸링은 정신분열에 걸릴 지경이었다. 1830년에 헤겔은 인생의 정점을 찍었다. 나폴레옹이 몰락하자 급속도로 상승한 프로이센 왕국은 독일 땅을 하나의 체제로 편입시켰다. 헤겔은 중세 봉건주의의 다음 단계가 프로이센이 추구하는 중앙 집권적 민족 국가라 보았다.

프로이센 국왕은 헤겔을 기사로 서임했고 그는 이제 정식 귀족이 되었다. 그 때문에 '관제철학자', 더 심하게는 '부역자'로 비판받기도 하지만 이는 억측이다. 프로이센을 지지한 일은 그의 철학과 모순되지 않는다. 같은 해 헤겔은 베를린대학교 총장으로 부임했으며 당대의 철학 그 자체로 추앙받았다. 셸링의 기분은 몹시 좋지 않았을 게 분명하다.

나는 역사다

헤겔은 철학도들이 갖고 있는 이미지 그대로 시종일관 진지하고 근엄한 인물이었다. 학창시절 그가 쓴 일기에는 이런 대목도 있다.

남자들은 쓸데없이 여자들과 산책 따위나 하며 스스로를 망치고 터무니없이 시간을 낭비한다.

헤겔도 혈기왕성한 남아였던 만큼 연주회에 다녀온 날의 일기에는 다른 내용이 적혀 있다.

아름다운 여자들을 보는 일은 참 즐겁다.

사교계의 귀부인들 앞에서는 즐거워했다고 하니 미녀 앞에서는 조금씩 흐트러진 모양이지만, 평소의 헤겔은 무거운 공기를 내뿜었다. 그 답게 튀빙겐대학교 시절 셸링과 횔덜린이 그에게 붙여준 별명은 다름 아닌 '노인'이었다.

김나지움 교장으로 있을 때는 자라나는 꿈나무들을 앉혀놓고 게르만 서사시인 니벨룽겐의 노래를 낭독하곤 했다. 그것도 모자라 흥이 나면 즉석에서 서사시를 그리스어로 번역하며 읽었다. 교장 앞에서 잠을 잘 수도 없었을 학생들에게는 고문이 따로 없었다.

헤겔의 대학 강의는 대령급 군인과 정부 고위 관료가 청강할 만큼 인기였지만 분위기는 엄숙함에 휩싸여 있었다. 다음은 한 학생의 증언이다.

그는 기운 없이 다소 언짢은 듯 머리를 낮게 숙인 채
몸을 움츠리고 앉아서 커다란 노트를 앞뒤로 넘기고
위아래로 훑으면서 계속 말을 하는 동시에 무언가를 찾았다.
끊임없는 헛기침과 기침에 말의 흐름이 자꾸만 끊겼다.

헤겔은 첫소리를 떠올리게 하는 예민하고 성마른 목소리로, 느리게 돌아가는 기계처럼 모든 낱말과 음절을 조각조각 끊어서 발음했다고 한다. 과연 인기만큼이나 이해가 잘 되는 강의였는지 의문이다. 그는 꾸지람에도 일가견이 있었다. 한 번 화를 내면 적당한 선에서 끝나지 않았다. 헤겔에게 혼나는 사람은 사지를 바들바들 떨 정도였다고 한다.

신학자이자 철학자인 슐라이어마허^{Friedrich Ernst Daniel Schleier-macher}와 헤겔은 서로를 싫어했다. 두 사람의 안 좋은 관계는 자극적인 소문을 만들어냈다. 논문에 관해 논쟁하다가 말이 안 통하자 급기야 칼싸움을 했다는 이야기다. 두 철학자는 소문을 끝내기 위해 사람들 앞에서 미끄럼틀에서 사이좋게 내려오는 간지러운 광경을 연출해야만 했다. 헤겔 성격에 곤욕이었을 게 틀림없다.

헤겔은 재미있는 사람이 아니다. 그런 그가 어떤 철학을 펼쳤기에 그의 주변에 독일인들이 벌과 나비처럼 몰려들었을까. 어째서 인간의 근원적 분열과 외로움을 해결하기 위해 모두들 반칙을 하고 미사여구로 봉합하느냐는 것이 헤겔의 입장이다. 그에게 자아를 팽창시켜 모두 삼켜버리면 된다느니, 직감으로 알면 된다느니 하는 이야기들은 새시대의 철학이 되기에는 불충분했다. 헤겔에게 철학은 엄밀하고 논리적이어야만 했다.

헤겔은 물자체를 알 수 없는 게 무엇이 문제냐고 묻는다. 인간은 인간의 방식대로, 파리는 파리의 방식대로 물자체를 파악

나는 역사다

하면 된다. 내가 본질을 알든 모르든 물자체는 거기 존재한다. 헤겔은 근원적 분열을 간단하고도 명석하게 해결한다. 물자체든 우주의 존재 원리든 인간이 실체를 파악할 수 있으면 된다. 헤겔에게 실체는 물질 자체가 아니라 '운동'으로 존재한다. 인간을 포함한 모든 존재는 운동한다. 인간은 스스로와 대상을 의심 없이 확인할 수 있다.

예를 들어, 우리는 숨을 쉰다. 그렇다면 인간의 폐로 빨려 들어가는 공기는 있다. 술을 마신다. 식도를 타고 내려가는 술은 있다. 여기서 술은 또한 중력이라는 운동 원리에 의해 술잔 안에 담겨 있다. 술은 가만히 있는 것처럼 보이지만 지구가 끌어당기는 중력에 열심히 반항하는 중이다. 중력이 사라지는 순간 우주 정거장 안처럼 공중을 떠돌게 된다.

물의 실체가 어떤지는 모르지만 물의 존재는 확신할 수 있다. 물은 끝없이 위에서 아래로 흐름으로써 스스로의 존재를 증명하기 때문이다. 물에서 헤엄치는 물고기가 있는 한 물이 존재하지 않을 순 없다. 거꾸로 물고기가 존재하지 않을 방법도 없다.

인간은 책상이 매끄럽다고 느끼고 벼룩은 책상을 거칠거칠하다고 느낀다. 우리는 손으로 책상을 훑고 벼룩은 책상 위를 걸어서 느낀 인식이다. 그러므로 나의 만짐과 벼룩의 걸음이라는 운동은 실재한다. 책상의 존재는 확실하다. 책상의 실체는 '운동을 통해 거기 있음이 확인되는 것'이다. 그 다음엔 매끄럽든지 거칠거칠하든지 감각에 맡기면 될 일이다.

우주 전체는 운동으로 연결되어 있다. 이제 실체는 걱정할 필요가 없다. 팽창이니, 직감이니 하는 것 없이도 모두 있음이 확인된다. 칸트의 난제를 해결했으니 더 이상 걱정하지 말고 인간은 인간의 일을 하면 된다. 인간은 어떻게 살면 될까. 헤겔의 이야기는 얼핏 들으면 허무하다. 교양인이 되라는 것이다.

난데없이 교양이라니 이상하지만 허튼 소리는 아니다. 독일어로 교양은 '빌둥bildung'이다. 빌둥에 해당하는 영단어는 건물을 뜻하는 빌딩building이다. 교양이라는 의미에 해당하는 영단어는 따로 없다. 굳이 표현하자면 '문화적 배경cultural background' 정도다. 단어들을 찾아 조합해야 한다. 독일어 빌둥은 무엇인가? 말 그대로 건축물처럼 쌓아올린 결과다.

고조선의 팔조법은 한국 역사에 최초로 등장한 법이다. 이 법령은 사유재산을 인정한다. 물건을 훔치다 걸린 사람은 피해자의 노비가 되어야 했다. 고조선 사회는 개인의 생명과 재산을 보호해야 한다는 관념이 상식이 될 정도에 도달했다. 따라서 이 시대의 인간은 '타인의 생명과 재산은 내 것만큼 소중하다'는 생각을 갖고 살아야 교양이 있다고 볼 수 있다.

나는 역사다

그런데 고조선 시대보다 발전된 현대에 남이 실수를 했다고 꼬투리를 잡아 노비처럼 부리고 학대하는 사람이 있다면 그는 교양이 없는 인간이다. 헤겔이 말하는 교양은 누적된 정신적, 지적 세계다. 역사가 진보해온 결과를 개인이 받아들이고 소화한 상태다.

헤겔의 관점에 따르면 사형제 부활을 외치는 사람들은 교양이 없다. 인류 문명은 권력자가 명령하는 사형에서 법리적 절차를 거친 사형으로, 공개 처형에서 은밀한 처형으로, 잔인한 처형에서 인도적인 처형으로, 그리고 현재는 사형제 폐지로 발전되어 왔다. 명백하게 폭력성이 줄어들고 있다. 한국이 사실상의 사형 폐지국으로 등록될 정도로 발전한 시점에서 '나쁜 놈들 싹 다 사형시켜야 한다'고 주장하는 사람이 있다면 그는 불완전한 사람이다. 완공이 덜 됐거나 부실 공사에 의해 어딘가 철근이 빠진 상태다.

첩첩산중이나 해안 마을에서 나고 자란 지인들에게 고향에서 있었던 폭력을 전해들은 적이 있다. 데이트 폭력이나, 뉴스에 나오는 일명 '섬 노예'까지는 아니지만 본질적으로는 비슷한 노동착취 등의 이야기다. 당시에는 문제점을 느끼지 못했다고들 한다. 그러나 지금에 와서는 아직도 그런 일이 벌어지면 큰일이라고 말한다.

헤겔

이럴 때 항상 '시대가 어느 시대인데…' 하는 말이 딸려온다. 헤겔 철학을 모르는 사람도 인간이라면 본능적으로 시대 발전에 부합해야 한다는 당위를 갖고 산다. 여기에는 두 가지 태도가 있다. 첫째는 옛날은 그럴 만한 시대였다는, 스스로에 대한 변명이다. 그러나 둘째로, 과거에는 몰랐지만 그것이 옳지는 않았다는 반성도 포함되어 있다. 이와 달리 도시인들은 자신이 자란 시골의 현실을 모른다면서 섬 노예 악습이 횡행하는 현실을 옹호하는 사람들도 있다. 헤겔 철학은 이들을 교양이 없는 인간으로 규정한다.

나 역시 마찬가지다. 나는 군 생활 시절 군대의 부조리와 폭력을 방조하고 동의했으며 더 나아가 옹호하기까지 했다. 여기서 벗어나는 데는 제대 후 수년간의 의식적인 노력이 필요했다. 일상의 실수나 악행 역시 과거의 나 자신을 질책해 반성과 발전을 이끌어내야 한다. 과거의 상태를 졸업하는 데는 노력이 필요하다. 나는 얼마나 이기적인 인간으로 살아왔는가? 그때 나는 왜 연인에게 상처를 주었는가? 타인을 증오하고 혐오하던 나는 어떤 인간이었는가? 번득이는 깨달음이나 명언은 가치 있지만 그걸로 문제가 해결되지는 않는다.

우리 대부분은 '당신은 어떤 사람이냐'는 질문을 받았을 때 보통 자신이 되고 싶은 모습을 이야기한다. 희망 사항은 본 모습

나는 역사다

이 아니다. 내가 해왔던 행동, 내가 보여온 태도가 나다. 더 나은 사람이 되려면 그만한 행동과 태도를 반복해야 한다. 교양이란 스스로를 쌓는 노동이다.

인간이 국가라면 이성은 국왕이다. 백성을 사랑하는 마음만으로 국가는 발전하지 않는다. 건설도 개혁도 비용을 감수해야만 완수된다. 공짜는 없다. 그래서 누구에게나 가능한 일이기도 하다. 지금보다 좋은 사람이 되지 못할 이는 어디에도 없다. 인간의 개인사도 각자 하나의 역사다. 개인이 모여 인류가 되고 개인사가 모여 인류의 역사가 된다.

개인은 각자의 삶을 살지만 역사에 영향을 끼치고 거꾸로 영향받는다. 역사는 점점 더 발전된 단계로 인류를 데려다 놓는다. 모든 것은 운동으로 연결되어 있다. 개인은 의식하지도 못하고 의도하지도 않지만 인간이라면 누구나 과거보다 미래가 더 낫기를 바란다.

예술가 역시 과거의 예술보다 더 좋은 예술을 하고 싶어 한다. 모든 과학자도 더 나은 것을 발명하고 싶어 한다. 이는 인간의 본능이다. 자연의 본능이기도 하며, 개인들의 자아가 모인 역사의 본능이다. 모두가 하나다. 이것이 핵심이다.

헤겔에게 참된 것, 즉 실체는 주체와 객체가 운동을 통해 하나가 된 상태다. 인류에게는 이 운동이 역사라는 움직임으로 나타난다. 실체는 하나다. 수학에서 완전수는 하나다. 신, 인류의 의지, 역사 발전, 자연은 한 몸통이다. 우주 전체는 하나의 원리로 묶여 있다. 그 하나를 인식하려는 노력이 철학이다. 인간은 의지를 가진 존재이기에, 의지가 모이면 결국 역사는 '역사 발전'이라는 거대한 물줄기를 향해 흐르게 된다.

절대적이고 시대적이며 세계적인

헤겔 철학 하면 떠오르는 가장 유명한 개념은 변증법^{辨證法}, 그리고 흔히 헤겔의 변증법이라고 하는 '정반합'이다. 헤겔의 역사철학을 한 단어로 요약하는 말이다. 헤겔은 참된 인식을 찾아가는 과정으로 변증법을 제시했다.

물컵을 예로 들어보자.

1) 물컵이 있다. 물컵을 위에서 바라보니 동그랗다. 명제가 만들어진다. '이 물컵은 동그랗다.' 이것이 독일어로 테제^{These}이며, 원래의 이해된 상태다. 정^正으로 번역된다.

2) 그런데 옆에서 보니 동그랗지가 않다. 사각형이다. 원래의 테제에 오류가 생긴다. 다른 것 또한 사실이다. 이것이 안티테제^{Antithese}다. 반^反으로 번역된다.

3) 서로 모순되는 것처럼 보이지만 두 명제 모두 맞다. 그렇다면 정 명제와 반 명제를 합치면 된다. 그러므로 '물컵은 원통형이다'라는 새로운 명제가 도출된다. 이것이 진테제^{Synthese}이며 합^合으로 번역한다. 셋을 순서대로 이어 '정반합'이라 부른다.

합은 또다시 새로운 정이 된다. 이런 식으로 정반합이 반복되며 앎이 구축된다. 인간은 물컵이 단단한 줄 알았지만 현대에 발견된 과학적 사실에 따르면 컵을 포함해 모든 물질은 단단하지도 꽉 차 있지도 않다. 물질의 최소 단위인 원자는 알맹이가 아니라 거의 텅 비어 있다.

컵이 단단하게 느껴지는 이유는 전자가 원자핵 주변을 너무나 빠른 속도로 돌기 때문이다. 우주도 우리 자신도 컵도 빈 공간이나 마찬가지다. 이 사실도 물컵은 원통형 물질이라는 테제에 짝지워지는 안티테제가 된다. 정과 반이 만나면 사실은 빈 공간이나 마찬가지인 물질을 우리는 꽉 찬 실체로 인지한다는 새

217

로운 합이 도출된다. 이렇게 앎을 확장해나가면 된다.

역사도 마찬가지다. 인류 역사는 변증법적으로 발전한다. 우리 역사에서 예를 찾자면 1980년대의 대한민국 국민은 정치적 자유를 원했다. 국민은 민주주의의 가치를 알았다. 서구의 선배들이 민주주의를 발명한 덕택이다. 이 상태가 기본적인 테제다. 그런데 전두환 같은 독재자가 출현했다. 정을 방해하는 안티테제다. 마르크스 철학의 영향으로 '반동'이라고도 한다. 우여곡절을 거치며 국민은 어떻게 하면 독재자를 막고 끌어내리는지 학습한다. 민주주의가 좋다는 사실뿐 아니라 지켜내는 법도 알게 되었다. 진테제다.

프랑스 혁명 과정을 보고 헤겔이 도출한 결론은, 진보는 결코 매끄럽지 않다는 사실이다. 프랑스 혁명의 대의는 더없이 좋지만 로베스피에르*가 나타나 사람들을 무차별적으로 단두대에 보내기도 했다. 프랑스 혁명의 과정은 무자비한 피칠갑이었다. 그럼에도 불구하고 거시적으로는 인류 진보에 크게 기여했다. 헤겔은 프랑스 혁명의 영향으로 독일 사회도 발전하는 모습을

---

* 프랑스 대혁명 당시 급진파의 지도자로 공포 정치를 펼친 인물이다. 루이 16세를 비롯해 1만 7천 명을 단두대로 보냈고 진압 과정에서 3만 명 이상을 학살했다. 1798년 7월 28일 공포 정치의 주역들은 자신들이 수립한 방식 그대로 단두대에서 처형당한다.

辨證法

변증법辨證法은 별스러워 보이는 한자어지만
그냥 '대화법' 혹은 '대화'란 뜻이다. 간단히
말해 대화를 통해 진리를 찾아가고 진리가
아닌 불확실한 것들을 가지치기 한다는 뜻이다.
소크라테스와 공자, 부처님 같은 인물들이
제자를 가르치거나 논쟁을 할 때 구사한 이야기
모두가 변증법이다. 전혀 특별하지도 어렵지도
않은 개념이다.

변증법과 정반합은 동의어가 아니다. 정반합은
수많은 변증법 중에서 헤겔이 제시한 변증법을
말한다. 반면 대화가 아니라도 진리를 탐색하는
전개 방식을 띤 이야기라면 모두 변증법이라고
부를 수 있다.

눈으로 확인했다.

역사는 한 상태에서 다음 상태로 넘어갈 때 홍역을 치른다. 정반합의 가운데에 괜히 '반'이 있지 않다. 그래서 헤겔의 역사 발전 방식은 주식 그래프와 같다. 반등도 하고 하락도 하지만 결국 멀리서 보면 뚜렷한 상승세를 보인다. 하락 곡선은 인류가 역사 발전의 과정에서 흘리는 피값이다. 헤겔이 살던 당대 독일의 현실도 주식의 하락세와 같다. 결국 반등할 것이라는 전망이 헤겔의 처방이었다.

헤겔은 가장 저급한 사회를 동양이라고 주장했다. 그는 역사 발전 순서를 동양-그리스 로마-중세*-서양 근대로 해석했다. 헤겔의 역사관에서 동양은 한 사람의 군주를 위해 모두가 희생해야 하는 낮은 단계다. 그리스 로마는 민주주의와 공화정을 이해했지만 사람들이 숭고하지 못했다. 그리스 도시 국가들과 로마 제국은 지나치게 노골적인 이익 집단이었다. 도시 국가들은 무역과 전쟁, 약탈에서 오는 이익만 중요했고 로마는 제국을 살찌우기 위해 주변 민족을 착취했다.

중세 게르만 사회가 되면 사회 시스템은 후진적으로 퇴보했지만 사람들은 종교적인 가치를 배웠다. 지고한 선과 숭고함, 희

• 게르만 사회

Aufheben

아우프헤벤은 헤겔이 변증법에서 제시한
개념이다. 정반합의 결과로 일어나는 긍정적
현상으로, '폐기한다', '보관한다', '끌어올린다'는
뜻을 지닌 독일어다. 헤겔은 모국어에 더없이
적절한 단어가 있다며 몹시 만족했다.

발전이 일어나면 역사도 앎도 이전의 상태는
버려진다. 그러나 교양도 역사도 쌓아올리는
것이므로 한편으로는 예전의 모습도 토대로
간직한다. 이렇게 다음 단계로 올라간다.
한자어로는 '지양止揚'으로 번역된다. 절묘한
번역이다. '양揚의 상태에 다다른다'이다. 이
양揚자는 도끼나 깃발을 쳐드는 동작을 뜻한다.
가벼운 막대라면 '스윽'하고 들어올릴 수 있다.
무겁고 펄럭이는 것을 추켜올릴 때는 다르다.
어영차 힘을 주다 보면 깃발은 이제 됐다는 듯이
'펄럭'하고 똑바로 선다.

지양이라는 번역어는 정과 반이 투쟁하다가 문득
진보로 나아가는 모양새를 기막히게 표현한다.
다이어트와 비슷하다. 100일 동안 10킬로그램의
체중을 감량할 때, 하루에 100그램씩 차곡차곡
빠지지 않는다. 보름간 체중이 그대로이기도 하고
어느 날은 오히려 몸이 불기도 한다. 그러다보면
살이 눈에 띄게 쏙 빠져 있는 날을 만나게 된다.
계단형이다. 이처럼 단번에 올라가는 순간이
아우프헤벤이다.

생, 헌신의 가치를 알게 됐다는 장점이 있다. 이 모든 과거의 장점이 만나 결국 서양 근대가 도래했다는 것이 헤겔의 역사 발전 순서다.

헤겔은 중국을 특히 혐오했는데 전족 풍습 따위를 전해 들었으니 전혀 이해 못 할 일은 아니다. 그는 "중국은 공간만 있고 시간은 없는 나라"라고 했는데, 헤겔의 철학을 이해한다면 그가 할 수 있는 최강의 모욕임을 알 수 있다.

아이러니하게도 헤겔의 철학은 중국을 비롯한 한자 문명권에 깊은 자욱을 남겼다. 시간이 멈추기는커녕 그의 수제자일 정도다. 한국과 일본의 철학계는 헤겔을 중요하게 취급한다. 중국과 베트남, 북한은 공산 혁명을 거쳤다. 공산주의는 헤겔의 영향을 받은 자칭 '거꾸로 선 헤겔'인 마르크스에서 유래했다. 일상 생활에도 헤겔의 흔적은 깊다. 한국인들이 흔히 구사하는 '때가 어느 때인데', '시대가 변했다'는 말은 그의 영향권 안에 있다. 지금이 어느 시대인데 학교에서 아이들을 기합 주느냐는 말은 과거에는 그랬을지언정 흘러온 시간만큼 진보했어야 한다는 관념이 전제되어 있다.

한자 문명권은 전통적으로 '요순시대'와 '태평성대'라는 말을 사용했다. 요순시대는 다시 돌아가야 할 과거의 파라다이스다. 태평성대라는 말에는 지금 현실이 괜찮으니 이대로 쭉 유지

헤겔의 가이스트와 마르크스의 유물론

유물론자인 마르크스는 가이스트가 아닌
물질적 조건으로 역사가 발전한다고 역설했다.
그는 헤겔의 역사 발전 모델에서 절대정신을
빼고 그 자리에 자본, 노동, 이윤, 잉여
생산물을 넣었다. 시대정신은 분배 정의로
대체했다.

헤겔은 역사철학에서 정반합을 직접 언급하지
않았다. 후세의 학자들이 그의 역사 이론을
쉽게 설명하면서도 거짓말을 하지 않기
위해 '헤겔의 언어'로 정리한 결과가 역사적
변증법이다. 무엇보다 마르크스와 그의 사상적
동지 엥겔스가 헤겔의 역사 철학을 정반합으로
진보하는 변증법적 역사관으로 일목요연하게
정돈했다. 우리가 헤겔 철학을 이만큼이라도
쉽게 이해하는 데에는 '거꾸로 선 헤겔' 덕이
크다.

되었으면 하는 바람이 들어가 있다. 선조들과 달리 헤겔 덕분에 우리는 시대가 필연적으로 변해야 하며, 흘러온 시간만큼의 값어치를 해야 한다는 사고를 갖게 되었다.

자동차를 움직이는 동력이 엔진이듯 역사를 발전시키는 주체는 가이스트$^{Geist, 정신}$다. 헤겔 철학에서 '생의 집단적 의지' 정도에 해당하는 말이다. 또한 헤겔은 우주의 시공간은 하나이며 오직 하나로 실재하는 전체가 존재한다고 말한다. 이것의 의지를 앱설루터가이스트$^{AbsoluterGeist, 절대정신}$라고 부른다.

절대정신이 특정 시대에 맞게 모습을 드러내는 양상은 자이트가이스트$^{ZeitGeist, 시대정신}$이다. 고려 말 조선 초의 시대정신은 민본$^{民本, 백성의 먹고사는 문제가 나라의 근본임}$이었으며, 프랑스 혁명기의 시대정신은 자유로운 시민이었다. 시대정신을 이룩하기 위해 각성한 특정 개인이나 집단의 의지는 벨트가이스트$^{WeltGeist, 세계정신}$다. 헤겔이 본 나폴레옹은 '말을 탄 세계정신'이었다.

인생의 정반합

역사가 진보한다면, 과연 영원히 진보할까. 어느 순간에는 인류의 이상향이 도래한다. 이때 역사 발전은 끝난다. 건물로 치면 완공이다. 헤겔이 말하는 '역사의 종말'이다. 종말이라고 하니 부정적인 뉘앙스지만 그렇지 않다. 역사는 시간적 개념이기에 멈추면 그걸로 끝났다는 이야기다. 역사가 종말하면 모든 사람이 예술가가 된다. 헤겔은 이를 '예술의 종언'이라고 했다.

헤겔은 가이스트의 점지를 받은 숙명적 개인과 역사 발전을 결부시켰다. 헤겔 철학은 독재자들이 왜곡해 쓰기 좋은 재료다. 북한의 주체사상은 헤겔 철학을 누더기처럼 기운 괴작이다. 시대정신은 한민족의 자립과 자존이고 그 임무를 숙명적으로 부여받은 나폴레옹은 김일성이다. 역사 발전이 완성된 단계는 '지상 락원'이다.

같은 방식을 나치 독일의 히틀러도 사용했다. 그는 게르만 역사의 종말을 맞이하기 위해 제2차 세계대전을 일으켰다. 박정희도 예외는 아니다. 그는 "더 이상 나 같은 불행한 군인이 나오지 않도록…"이라고 말하며 눈물을 흘렸다. 역사의 간지가 경제 발전이라는 시대정신을 위해 자신을 선택했고, 그는 거기 동원되었을 뿐이라는 맥락이다. 전형적인 헤겔 스타일 낭만주의다.

헤겔의 철학에는 치명적인 구멍이 있다. 그는 정반합이 지속적으로 반복되다가 역사의 종말이 온다고 했지만 역사의 종말이 파라다이스라는 보장은 없다. 반으로 끝날지 합으로 끝날지는 알 수 없다. 가능성은 정확히 반반 아닌가. 전 지구적인 핵전쟁이라도 일어나 반으로 끝나면 그야말로 '해체'다. 근대미술도 더 발전할 여지가 없으니 해체와 실험의 현대미술이 남았다. 미술에 있어서만큼은 '예술의 종언'을 눈으로 확인하고 있다 해도 과언이 아니다.

예술의 종언이 역사에 적용되면 영화 〈매드맥스〉 시리즈를 연상케 하는 디스토피아가 펼쳐진다. 또한 다 이루었다고 해서 영원히 지속되라는 법도 없다. 건물도 완공되고 오랜 시간이 지나 낡으면 재건축이 필요하다. 그대로 놔두면 결국은 무너진다. 물론 여전히 헤겔 식으로 말한다면 그때부터 다시 길고 긴 정반

奸智

간지란 간사한 지혜를 뜻한다. '역사의
간지'라는 말은 헤겔을 이야기하는 데 빠질
수 없는 단골 메뉴다. 역사는 간사하게도 뜻을
이루기 위해 특정한 개인을 쓰고 버린다.

나폴레옹은 역사가 그를 도구로 낙점했기에
세계정신이 되었다. 나폴레옹은 쓰임이 다하고
나자 세인트헬레나 섬에 유배를 가서 쓸쓸한
말년을 보내고 죽었다. 역사는 나폴레옹을
도구로만 보았을 뿐, 말년의 행복까지 신경
써줄 만큼 마음이 넉넉하지 않다. 절대정신은
차가운 기계와 같다.

헤겔의 철학은 종종 기독교와 절묘한 짝을
이룬다. 나폴레옹을 예수로 본다면 절대정신은
하나님이고 세인트헬레나 섬은 십자가다.
심판의 날과 구원은 역사의 종언과 맞물린다.

합이 시작된다고 하면 될 듯하다.

다시 개인의 삶으로 돌아와보면, 인생에도 종말은 있다. 역사의 종말이 어떨지는 아무도 모르지만 인생의 끝은 분명히 죽음이다. 이렇게 보면 인생이란 한 편의 허무극이다. 어찌어찌 '빌둥'을 쌓아도 흙으로 돌아가니 말이다.

정해진 멸망을 향해가면서도 우리는 더 좋은 사람이 되려고 노력한다. 그런 면에서 인생은 하나의 긴 숙제와 같다. 물론 헤겔도 예외는 아니다. 헤겔은 1831년, 61세의 나이로 생을 마감했다. 베를린을 덮친 콜레라에 감염된 탓이다.

전 유럽이 헤겔의 추종자로 넘쳐나자 권력자들은 두려움을 느꼈다. 헤겔의 역사 발전 이론에 따르면 자신들 역시 결국 정리되어야 할 '적폐 세력'이었다. 그들은 헤겔이 죽자 그를 싫어하면서도 이름값이 있는 지식인을 찾았다. 셸링이었다.

셸링. 한때는 유럽의 낡은 잔재를 밀어내고 새 시대를 앞당기는 철학을 해보겠다며 싱싱한 열의를 불태우던 젊고 아름다웠던 지성. 아타깝게도 이 시기의 셸링은 헤겔을 흉볼 기회가 주어진다면 어디든지 달려가는 꼰대가 되어 있었다. 자신감과 총기가 넘치던 얼굴엔 불만만 깃들어 미모를 잃었다. 셸링은 구체제 귀족들의 입맛에 맞춰 헤겔의 진보성을 깎아내리는 강연을 하며 여생을 보냈다. 그야말로 헤겔 철학을 위한 발판으로 시작해, 헤겔 철학의 잔여물로 삶과 사상을 마쳤다. 이렇게 하찮아질 필요는 없었다.

18세기 말, 튀빙겐대학교 기숙사 3인실을 생각해본다. 옆 나라 프랑스의 시민 혁명 소식을 들으며 우리 독일은 틀려먹었다고, 하지만 우리 독일인도 그들처럼 해낼 수 있다고 열변을 토하는 신동 셸링과 그의 언변에 고개를 주억거리는 5살 많은 범재 헤겔의 모습을 상상해본다. 한때 그들은 둘도 없는 친구이자 진보 사상의 동지였다.

헤겔에 대한 콤플렉스를 극복하지 못한 셸링은 우리의 반면교사다. 우리를 괴롭히는 열등감, 질투, 슬픔, 분노는 삶에 주어진 숙제다. 숙제의 빈칸을 채워야 다음 숙제로 넘어갈 수 있다. 더 나은 사람이 되는 데 오늘도 가까스로 성공하면서 한 층씩 '빌둥'을 쌓아나가야 한다. 그런데 인간은 유한한 존재라, 빌둥의 끝에는 죽음이 기다리고 있다.

종착역이 죽음이라는 점에서 삶은 등산과 같다. 산을 오르고 나면 도로 내려와야 한다. 허무해 보이지만 헤겔의 삶과 철학은 등산을 추천한다. 등산은 고되지만 두 발로 올라간 높이만큼의 경치를 보여준다는 점에서 정직하다. 마찬가지로 삶은 지루한 반성과 노력으로 채워져 있지만 우리는 가끔씩이나마 그 결과를 확인할 수 있다.

우리는 오늘도 스스로를 쌓고 보수한다. 나는 내 삶의 증인이다. 나는 내 인생의 정반합이다. 나는 역사다.

헤겔

쇼펜하우어

Arthur Schopenhauer

1788~1860

나는 고독이다

고약한 인상, 툭하면 내뱉는 여성혐오, 세상에는
사랑도 희망도 없다고 외치는 성마른 목소리.
쇼펜하우어를 떠올리면 자동적으로 따라붙는
매연이다. 혹자는 쇼펜하우어를 일시적인 유행이나
악취미로 몰아세운다. 그러나 그의 철학은
쇼펜하우어 자신처럼 옹졸하지 않다. 그는 헤겔이
완성한 근대를 부정하고 조롱했으며, 역사에 파묻힌
무미건조한 개인을 고독한 예술가로 부활시켰다.

아버지의 그늘

쇼펜하우어는 1788년 단치히[*]의 고급주택에서 태어났다. 단치히 는 그때도 폴란드령이었지만 당시 유럽 땅의 소유권은 워낙 복 잡했다. 단치히는 독일어권이었고 주민들도 독일인으로 통했다.

아이의 이름은 아르투어. 아버지 하인리히 쇼펜하우어[Heinrich Floris Schopenhauer]는 유럽 전역을 아우르는 무역망을 구축한 부유 한 상인이었다. 그는 국왕이 집안에 방문한 적도 있을 정도로 재 산이 많았다. 젊음을 다 바쳐 성공한 하인리히는 결혼을 원했다.

하인리히는 38세라는 늦은 나이에 20살이나 어린 18살의 요한나와 결혼했다. 갑부의 늦은 결혼이니만큼 지난 청춘에 대

• 지금은 폴란드의 그단스크

나는 고독이다

한 충분한 보상을 받고 싶었을 것이다. 그렇다고 요한나가 미모와 젊음만으로 나이든 부자에게 팔려갔냐 하면, 꼭 그렇지만은 않다.

요한나는 단치히 시의원의 딸이었다. 그녀는 여성이 교육받을 기회가 흔치 않던 시절 그리스어와 라틴어를 통달하고 빛나는 문학적 재능을 자랑하는 소녀였다. 예쁘고 활달하고 외향적이었으며 남자들을 휘어잡는 힘이 있었다. 요한나의 유명세는 국제적이었다. 집안의 입장에서는 빼어난 딸자식을 봉건 귀족 가문에 보내 시집살이를 시킬 수도 없는 노릇이다. 그렇다고 그냥저냥한 결혼을 시켜서 육아와 살림의 무한궤도에 내버려두기도 애매했다. 이런 상황에서 요한나에게 반한 하인리히는 이상적인 남편감이었다.

나이는 많아도, 아니 그 때문에 요한나를 잘 대해줄 것이고 불필요한 살림에서 해방시켜줄 터였다. 요한나의 작품 활동과 사교계 출입에 필요한 돈이야 차고 넘치는 하인리히였다. 요한나는 남편의 보호와 후원 속에서 문학적 재능을 키워나갔다.

하인리히는 낙천의 여왕쯤 되는 요한나와 정반대의 성격을 가진 사람이었다. 그는 과묵하고 음울했으며, 무엇보다 돈 문제에 있어서는 인정사정없는 냉혈한이었다. 그랬던 그에게도 희망이 있었으니, 나이 마흔이 넘어 간신히 본 아들이자 집안의 종손인 쇼펜하우어였다.

쇼펜하우어는 하인리히의 사업체를 모두 물려받아 더 크게 키울 운명을 지고 태어났다. 그러나 금수저에게도 결핍은 있었다. 그는 비상한 머리에 섬세한 성격을 갖고 태어났지만 사랑스러움과는 거리가 멀었다. 그는 매사에 의심하고 따져 묻기 좋아하는 귀찮은 아이였다. 거기다 말솜씨도 기가 막혔으니 애물단지였다. 꼬맹이 쇼펜하우어는 어른들은 죄다 거짓말쟁이라는 확신을 가지며 자라났다.

쇼펜하우어는 돈의 괴물인 아버지로부터 인간을 관찰하고 의심하고 무자비하게 파고들며, 기회가 오면 거꾸러트리는 품성을 물려받았다. 어머니로부터는 출중한 언어 능력과 상상력을 선물 받았다. 이런 아이에게는 인문학이 적성이었다. 요한나는 아들의 음울한 성격이 걱정이었다. 그녀는 아들의 기분을 맞춰주려고 노력했지만 꼬마 쇼펜하우어는 당최 엄마라는 사람이 어째서 이렇게 기분이 좋은지 이해할 수 없었다. 그런가하면 아버지는 너무 과묵해서 아이는 어느 장단에 맞춰야 할 지 알 수 없었다.

9살이 되자 여동생 아델레가 태어났다. 도시마다 자기 건물과 서재가 있었던 아버지는 집을 함부르크로 이사하면서 아들을 프랑스에 있는 친구 집으로 보냈다. 어릴 때부터 외국을 체험

나는 고독이다

하게 하려는 안배였다. 특히 친구에게는 아들의 프랑스어 학습을 봐달라고 부탁했다. 쇼펜하우어는 2년 만에 프랑스어를 마스터했다. 이런 재능은 아버지에게 훌륭한 무역상의 조건으로 보였다. 외국어 능력은 무역업에 필수였으니 말이다.

11살이 된 쇼펜하우어는 사립학교에 입학한다. 성공한 상인들이 자신의 2세를 보내는 엘리트 비즈니스 스쿨이었다. 쇼펜하우어는 인간은 왜 불완전한지, 세계는 왜 부조리한지 알고 싶었다. 그런 그에게 상업 학교는 고문실이었다. 쇼펜하우어에게 학우들이란 아버지 잘 만나 돈 자랑이나 하며, 돈 벌 궁리만 배우는 원숭이들이었다. 어른들의 말을 믿지 않은 쇼펜하우어는 유럽의 위대함과 돈의 훌륭함을 불신했다. 위대하면 다른 대륙을 착취해도 되는가? 그게 과연 위대함인가? 길거리마다 거지와 병자들이 신음하는데 왜 부자들은 반성을 모르는가?

고통의 4년을 보내고 집에 돌아오자 아버지 하인리히는 상을 주었다. 아버지와 아들은 독일 전역과 체코를 여행했다. 아버지는 미래의 무역 재벌에게 견문을 넓혀주고 싶었지만 아들은 심드렁했다. 여행을 마치고 돌아온 쇼펜하우어는 폭탄 선언을 했다. 상인이 되고 싶지 않다는 것이었다. 환갑이 다 돼가는 나이에 아들은 쇼펜하우어뿐인 하인리히에게는 청천벽력과도 같았다. 하인리히는 아들을 달래기 위해 역제안을 했다. 이번엔 세

계 여행이었다. 유럽의 좋은 도시에서 좋은 경험을 하면 무역상
이 얼마나 좋은 직업인지 알게 되리라는 심산이었다.

온 가족이 초호화 유럽 여행을 떠났다. 엄마 요한나와 아들
아르투어는 각자 자신만의 일기를 썼다. 요한나의 일기는 세계
여행의 낭만을 담았다. 아르투어의 일기에는 세계의 비참이 담
겼다.

거리에서 구걸하는 프랑스 빈민의 비참한 모습. 장교에게
채찍질 당하며 행군하는 영국 병사. 항구마다 참혹한 강제 노동
을 당하는 흑인 노예. 부모님은 정녕 이러한 광경이 아무렇지 않
다는 말인가?

런던에 머물 때는 신부에게 영어를 배웠는데, 이때부터 학
습한 영어를 쇼펜하우어는 평생 완벽한 발음과 문법으로 가다
듬었다. 쇼펜하우어는 호화 여행을 통해 기분이 풀어지기는커녕
더 철학적인 소년이 되고 말았다. 그러나 우리나라 드라마에 나
오는 재벌가가 다 그렇듯, 쇼펜하우어 가문도 아들의 미래에 가
차 없었다.

재벌 2세가 경영 수업을 위해 신입사원부터 수련하듯이 쇼
펜하우어에게도 이미 실습 코스가 준비되어 있었다. 그는 단치
히에 끌려가 가게의 점원으로 실습을 했다. 장사를 하려면 손님
에게 억지로 허리를 숙이고 웃음을 짓는 법부터 배우라는 뜻이

237

었다. 아버지의 부하들과 지인들로 가득 찬 안전한 세계였지만 쇼펜하우어에게는 감옥이었다. 그는 틈만 나면 문학과 수학을 공부했으며 책을 읽고 강연을 듣기 위해 사라지곤 했다.

한편 요한나는 그녀대로 사고를 쳤다. 좋은 의미의 사고다. 그녀는 가족 여행이 남긴 감상을 책으로 정리해 여행기를 출간했다. 이 책은 유럽에서 주목받으며 문단에 그녀의 이름을 알렸다. 그러나 하인리히의 걱정은 오직 아들뿐이었다. 하나뿐인 아들을 무역상으로 키울 수 없다는 사실을 알게 된 하인리히는 절망했다. 우울증은 쇼펜하우어 가문의 가족력이었다. 이 집안에는 이전에도 자살한 사람이 둘 있었다. 그래도 타인의 선의를 믿지 않는 어두운 성격은 이 집안이 상인 가문으로 생존하는 데 큰 역할을 했다.

부자의 공허함이 이런 것일까? 하인리히는 아무리 열심히 일해도 그걸 받아줄 후계자가 없다는 사실에 정신이 녹아내리고 말았다. 1805년 4월 20일, 함부르크 운하에 한 남자의 시신이 떠올랐다. 국제적인 부호 하인리히 플로리스 쇼펜하우어였다. 그는 자기 소유의 물류 창고에 숨어 홀로 괴로움에 신음하다가, 물품에 습기가 차는 것을 방지하기 위해 나 있던 창을 통해 운하로 몸을 던지고 말았던 것이다.

17세의 쇼펜하우어는 아버지를 죽게 했다는 죄책감에 몸서

리쳤다. 그는 가족이 바이마르로 이사할 때 아버지가 돌아가신 함부르크에 혼자 남아 상인 실습을 계속하기로 했다. 아버지의 생전 소원이나마 들어드리는 것이 최소한의 도리라고 믿었다. 그러나 결코 쉽지 않았다. 쇼펜하우어는 어느새 정신을 차려 보면 함부르크에서 열리는 골상학, 천문학 강연에 와 있는 스스로의 모습에 절망하고 말았다.

죄책감, 멀어져가는 꿈, 이미 지나버린 시간, 방황만 거듭하는 자신의 모습. 절망한 쇼펜하우어는 어머니 요한나에게 편지를 썼다. 요한나의 답장은 감동적이다.

사랑하는 아들아, 너무 괴로워하지 말아라. 너도 알다시피 철학자는 먹고 살기가 고단하단다. 하지만 그럼에도 불구하고 그 길을 선택하고 싶다면, 엄마가 최선을 다해 도울게.

쇼펜하우어는 남들은 대학에 갈 열여덟 나이에 드디어 현재의 인문계 고등학교에 해당하는 김나지움에 입학할 수 있었다. 이대로 열심히 공부하기만 하면 꿈을 이룰 수 있는 걸까? 천만에. 인생은 생각대로 되지 않는다. 아버지의 그늘은 어머니의 그늘에 비하면 소꿉장난이었다.

나는 고독이다

어머니의 그늘

늦은 나이에 고타 김나지움에 입학한 쇼펜하우어는 그야말로 폭주기관차처럼 공부에 매달렸다. 그가 특히 매진한 과목은 고전어, 즉 그리스어와 라틴어였다. 두 언어는 아버지 생전에는 감히 배울 수 없었다. 사어死語는 무역에 하등 쓸모가 없어서다. 그러나 고전으로 직행하는 고속도로였다.

쇼펜하우어는 반년도 안 돼 두 언어를 대충은 하게 되는 경지에 올랐다. 이 속도는 고타 김나지움의 교사들을 충격에 빠트릴 정도였다. 학생의 천재성을 목격하자 교장선생님은 대어를 낚은 기분이었다. 그는 직접 나서서 쇼펜하우어를 과외하기까지 했다. 그런데 입학 6개월 째, 이상한 시가 학생들 사이를 돌았다. 한 교사를 조롱하는 익명의 시였다.

범인은 뻔했다. 이만한 문장력을 발휘할 녀석은 언어 수재이자 여류문학가 요한나의 아들인 쇼펜하우어뿐이었다. 어릴 때부터 어른들의 권위를 무시하고 허위를 적발하던 쇼펜하우어에게 보수적인 독일 김나지움의 교사는 탐스러운 먹잇감이었다. 비행의 대가는 퇴학이었다. 쇼펜하우어는 그렇게 갈망하던 인문계 공부를 불과 6개월만 맛보고 어머니와 여동생이 있는 바이마르에 오게 된다. 얼마나 절망적인 심정이었을지 상상이 되고도 남는다.

쇼펜하우어가 없는 동안 어머니 요한나는 바이마르에서 살롱을 개업했다. 유럽에서 살롱은 지식인들이 모여 교류하는 공간이었다. 부잣집의 사랑방과 최고급 기방의 중간쯤 되었을까. 문화에 많은 기여를 한 업종(?)이지만 아늑한 공간이고, 거기다 주인이 마담이라면 아무래도 성적인 뉘앙스가 전혀 없기란 불가능하다. 살롱은 최고 수준의 지식인들이 채널을 공유하는 동시에 남녀가 웃고 뻐기고 유혹하는 곳이기도 하다. 거기서 마담이 상복을 입고 침울하게 있을 수도 없었을 것이거니와, 요한나가 그럴 성격도 아니었다.

음울한 성격의 쇼펜하우어는 살롱의 밝은 분위기에 놀랐다. 아버지가 돌아가셨는데, 어머니는 대체 뭐가 저리 즐겁단 말인가? 남자 손님들은 매력적인 문학가인 마담의 눈에 들기 위해

241

수작을 부렸다. 쇼펜하우어는 의심의 도마 위에 어머니를 올렸다. 혹시 어머니는 전혀 슬프지 않은 게 아닐까? 어쩌면 아버지가 돌아가시길 기다리고 있었던 것 아닐까?

잘잘못을 따진다면야 기껏 학교에 입학시켰더니 사고치고 잘린 아들이 혼나야 마땅하다. 그러나 요한나와 쇼펜하우어의 성격은 극과 극이었다. 더욱이 그에게는 아버지 생전의 조용하고 어두운 집 분위기가 체질에 맞았다. 그런데 그냥 밝은 분위기의 집도 아니고 무려 살롱이라니. 예민해지는 건 당연했다.

무엇보다 쇼펜하우어는 자신이 아버지를 죽음에 몰아넣었다는 죄책감에 시달렸다. 살롱을 저주하고 어머니와 싸우면서, 그는 자기도 모르게 마음속에 탈출구를 파게 된다. 아버지의 죽음은 이기적인 어머니 때문이라는 공상이었다. 공상이 믿음이 되자 어머니의 모든 행동이 부도덕하게 보였다. 어머니뿐 아니라 모든 여자가 문제였다.

성장기의 비극은 쇼펜하우어를 악명 높은 여성혐오 철학자로 만들었다. 하지만 일단은 어머니에게 매달려 얻어낼 것이 있었으니 바로 그리스어와 라틴어였다. 쇼펜하우어는 이 대목에서 어머니의 덕을 많이 봤다. 쇼펜하우어는 어머니에게 배워 완성한 두 언어로 고전을 여행하며 사상의 기초를 다졌다. 그러나 어머니에 대한 의심은 깊어만 갔다.

쇼펜하우어

쇼펜하우어가 보기에 어머니의 삶은 천박하고 세속적이며, 남자들은 요한나에게 쓸데없이 아부만 해댔다. 억하심정을 품던 쇼펜하우어는 여자보다 우월한 남자들이 그렇게 코가 꿰어 있는 이유를 발견했다. 태생적으로 비열하고 이기적인 동물인 여자가 남자를 바보로 만드는 기술 하나는 갖고 태어났다는 게 쇼펜하우어의 결론이었다. 이쯤 되면 배은망덕하다는 말이 아깝지 않다.

쇼펜하우어는 예민한 사람이었지, 강인하지는 못했다. 성격이 비뚤어졌을 뿐 사악함과도 거리가 멀었다. 그는 아버지에 대한 죄책감을 어머니인 여성에게 떠넘기는 대신 답이 없는 여성 혐오를 얻었다. 어머니가 풍기는 공허한 매력에 휘둘리는 남자들은 얼마나 불행하단 말인가? 독일 최고의 지성이라는 사람들이 요한나 앞에서 잔뜩 홀려 있었다. 이후 쇼펜하우어는 주옥같은 문장을 쏟아냈다.

여자는 종족 번식의 도구, 그 이상도 이하도 아니다.

자연은 인간의 두 성별을 정 가운데에서 자르지 않았다.

남녀의 권리를 동등하게 취급하려는 현재 유럽의 법리 해석

유행은 근본적으로 잘못되었다.

여자는 어린아이와 성인 남성의 중간적 존재다.

여자는 완전한 인간이 아니다.

여자는 매춘부처럼 결혼에 접근한다.

쇼펜하우어는 어머니가 아버지의 생전 수입과 사후 유산을 자신의 즐거움을 위해 탕진한다고 믿었다. 그런데 웬걸. 요한나의 살롱은 경제적으로 크게 성공했다. 독일 최고의 문인들은 요한나의 살롱에서 일주일에 이틀을 보냈다. 그 유명한 그림^{Grimm} 형제도 요한나 살롱의 멤버였다.

요한나를 어떻게 해보려고 지치지 않고 수작을 보내는 남자가 하나 있었으니, 난봉꾼으로 유명했던 독일 문학의 거성 요한 볼프강 폰 괴테^{Johann Wolfgang von Goethe}였다. 살롱에서 살다시피 한 그의 눈에 '살롱집 아들'이 눈에 띈 건 당연했다. 살롱에서 빈둥거리는 저 청년은 뭐 하는 친구인지 이야기를 들어보니 요한나의 아들인데, 김나지움에서 퇴학당하고 와서 책도 읽고 제 엄마에게 반항도 한단다.

괴테는 또래보다 유난히 안 좋은 표정을 짓는 청년 쇼펜하우어를 불러 이런저런 대화를 나누어보았다. 괴테는 직감했다. '이 녀석 천재다.' 그는 쇼펜하우어의 통찰력에 지적 쾌감을 느꼈고 쇼펜하우어는 위대한 '남자'에게 지도받을 수 있는 기회를 잡았다. 어머니라는 여자는 제 자식의 천재성도 몰라본 반면 몇 마디 대화로 가능성을 알아본 괴테의 통찰력 역시 비교가 되지 않아 보였다. 하지만 요한나는 쇼펜하우어의 성공보다는 행복을 바랐다. 어머니로서 당연하다. 낙천적인 문학가였던 요한나에게 쇼펜하우어가 매달리는 철학은 아들을 우울한 어둠의 세계로 끌어당기는 독으로 보였다.

괴테는 요한나에게 언젠가 우리 셋 중에서 가장 위대하게 될 이름은 아르투어 쇼펜하우어가 될 것이라 했다. 요한나에게도 나르시시즘이 없진 않았다. 그녀는 피식 웃으며 말했다.

한 집안에 2명의 천재는 나오지 않는 법이에요.

농담 반 진담 반의 가벼운 말이었으나, 쇼펜하우어는 어머니를 더욱 혐오하게 되었다. 그는 요한나에게 "이 못된 여편네"라는 막말까지 퍼부었다. 이 말을 한 장소가 계단 바로 위였다는 게 불효자의 실수였다. 기가 센 요한나는 아들을 밀어서 계단 위

245

에서 아래까지 구르는 가사 체험을 시켜주었다.

쇼펜하우어는 어머니에게 손찌검을 할 수 있는 패륜아는 아니었다. 다만 심술쟁이였다. 쇼펜하우어는 어머니에게 아버지의 유산을 상속받게 되는 21살이 되면 살롱을 처분해버릴 거라고 엄포를 놓았다. 그러나 잘 나가는 살롱 마담의 수완은 동네의 순박한 주부와는 차원이 달랐다. 요한나는 쇼펜하우어의 몫을 유산의 3분의 1로 묶어 놓았다.

살롱에서 엄마와 하녀들을 실컷 괴롭히던 쇼펜하우어는 21살 되자 괴팅겐대학교 의학부에 입학했다. 요한나는 안도의 한숨을 쉬었다. 드디어 아들이 주위 사람마저 우울증 걸리게 만드는 철학을 때려치울 모양인가 싶었다.

그러나 그건 오산이었다. 쇼펜하우어는 인간이 어떤 존재인지 알기 위해 물리적으로 먼저 접근해보려고 의대에 진학한 것이다. 그는 학교에서 교수들의 약점을 잡아 논파시키기를 즐겼다. 쇼펜하우어는 기숙사 생활 대신 통학을 했는데, 그 이유는 아무리 엄마와 하녀들이 싫어도 여자들의 보살핌이 안락했기 때문이다. 밥, 청소, 빨래를 맡길 수 있는 데다 틈만 나면 말싸움도 즐길 수 있었다. 쇼펜하우어는 집에서는 엄마를, 학교에서는 교수들을 괴롭혀댔다. 그러자 견디다 못한 요한나는 아들에게 하소연했다.

쇼펜하우어

너는 항상 낮 시간에 나를 찾아와 아무 것도 아닌 일에 화를 내다가 사라지는 구나.

쇼펜하우어는 어머니에게 해서는 안 될 말까지 했다.

어머니는 아버지가 외로움에 떨고 계실 때 즐거움만을 찾아 헤맸고, 아버지가 죽어가실 때는 친구들과 어울렸습니다.

쇼펜하우어가 22살이 되던 해 그에게 참을 수 없는 일이 벌어졌다. 어머니가 2년 전 사망한 페르노의 전기를 출간한 것이다. 페르노는 유명한 예술 비평가이자 고고학자였다. 일개 여인네가 위대한 생애를 살다간 남자의 이야기를 쓰다니! 여자가 남자의 생을 평가하고 기록하는 일은 당시 유럽에서 놀라운 사건이었다. 게다가 하필 저자가 자신의 어머니라는 게 문제였다.

어머니 요한나는 신여성이었다. 그녀는 바이마르에서 하층민 출신인 괴테의 아내에게 처음 집안 문을 열어준 상류층 여성이었다. 당시 보수적인 독일 사회에서는 센세이셔널한 사건이기도 했다. 그래봐야 쇼펜하우어는 여자들끼리 잘 논다고 생각했겠지만 말이다. 쇼펜하우어의 기대와는 달리 페르노의 전기는 전 유럽의 주목을 받으며 요한나를 문학계의 스타로 만들었다.

역시 세상은 썩었다는 사실을 재확인한 쇼펜하우어는 슬슬 철학에 완전히 몸을 담기로 결심했다. 이미 만족감을 느낄 만큼 괴팅겐대학교 의학부 교수들에게 짜증을 선사한 후였다.

요한나는 살롱 멤버였던 독일 시인 크리스토프 빌란트 Christoph Martin Wieland에게 아들이 철학을 포기하게 해달라고 부탁했다. 빌란트는 쇼펜하우어를 설득하기는커녕 그의 통찰력에 감명받고 말았다. 그는 요한나에게 받은 임무를 내팽개치고 돌아와 이 친구는 철학을 해야 한다고 선언했다. 이 와중에도 쇼펜하우어는 빌란트에게 굳이 못된 말을 했다.

인생이란 불결한 것입니다.

78세였던 빌란트에겐 나이 먹고 봉변당한 수준이다. 이 시기 괴테는 쇼펜하우어에게 현명한 조언을 해주었다.

세상에 사랑받고자 한다면 너 역시 먼저 세상을 사랑해야한다.

양손에 떡을 쥘 수는 없다. 존경과 증오 두 가지가 동시에 가능하지 않다. 쇼펜하우어는 스승의 말을 머리로 이해했을지는 모르지만 가슴에 품는 데는 분명히 실패했다.

베를린대학교에 편입한 쇼펜하우어는 열정과 재능으로 스펀지처럼 지식을 흡수했다. 마침내 완성한 박사학위 논문의 제목은《충족이유율의 네 겹의 뿌리》였다. 괴테는 찬사를 보냈으나 요한나는 아들을 놀려주기로 했다.

뿌리? 약 지을 때 넣는 약초 뿌리 말이니?

그에 대한 보복이었을까. 쇼펜하우어는 괴테와 토론하는 생활을 영위하기 위해 또다시 바이마르로 돌아와 어머니와 하녀들을 괴롭혀대는 일상을 재개했다. 요한나는 견딜 수가 없었다. 그래도 아들이라고 하나 있는 녀석을 내버려둘 수는 없으니, 살롱 옆에 독채를 마련해 그곳에 쇼펜하우어를 넣어놓고 식사와 살림을 챙겨주었다. 그러나 결국 한계가 왔다. 쇼펜하우어가 26세가 되었을 때 결국 두 모자는 의절하고 말았다. 둘은 편지 교류만 계속하자고 합의를 봤다.

1818년, 30살의 쇼펜하우어는 일생의 역작인 서양사상사의 히트작《의지와 표상으로서의 세계》를 발표했다. 요한나는 "네 책은 한 권도 팔리지 않을 거다"라고 놀렸다. 쇼펜하우어는 "어머니의 책이 헛간에서도 발견되지 않는 날이 오면 내 책은 고전이 되어 있을 것"이라 맞받아쳤다. 그러나 이 명저는 백 권도 팔리지 않았다. 반면 다음 해 1819년에 나온 요한나의 장편 로맨스 소설 《가브리엘레》는 전 유럽의 베스트셀러가 되었다. 아들이 엄마에게, 아니 남자가 여자에게 완전히 패배하고 말았다.

헤겔의 그늘

30대의 쇼펜하우어는 재미난 존재다. 그는 세상에 부채의식을 느끼는 동시에 증오했다. 그는 지구를 정복할 기세였던 유럽 문명의 발전적이고 긍정적인 분위기를 혐오했다. 한편 아버지의 유산에 기대 호의호식하는 그의 생활은 세상에 대한 착취나 마찬가지였다. 부잣집 도련님인 쇼펜하우어가 누리는 모든 것은 유럽이 세계를, 부유층이 빈민을 쥐어짜 만든 설탕물이었다. 그러나 그는 그 모든 것을 떨치고 독립하기에는 너무나 나약한 인간이었다. 그의 인간 혐오는 결국 자기혐오에서 출발한다.

불교와 힌두 경전 우파니샤드에 깊은 감명을 받은 쇼펜하우어에게 자기 자신은 버려지였다. 싯다르타는 먹고 먹히는 세상의 법칙에 깊은 슬픔을 느끼고 모든 것을 버리고 왕궁을 떠났다.

251

그는 부자의 아들 정도가 아니라 일국의 왕자였는데도 말이다.

쇼펜하우어의 사상은 웅장하고 장쾌하다. 출발점은 부처님의 그것과 논리적으로 같고, 똑같이 섬세하다. 하지만 그에게는 부처처럼 진리를 향해 고행을 감내할 강인함이 없었다. 부처는 보리수나무 아래에서 깨달음을 얻은 후 어디까지나 중생을 구제하기 위해 설법을 시작했다. 중생을 어여삐 여겼기 때문이다. 거꾸로 쇼펜하우어는 대중의 관심과 존경을 갈구했다. 어디까지나 본인의 만족을 위해서였는데, 그러면서도 타인을 의심하고 경멸했다. 여성혐오 역시 할 말이 없다. 그는 평생 어머니, 어머니의 하녀, 자신의 하녀에게 보살핌받는 쾌적함을 포기한 적이 없었다. 쇼펜하우어의 철학은 장엄하게 연주되다가도 뜬금없이 치졸해지곤 한다. 이는 쇼펜하우어 자신의 모순, 빛나는 두뇌와 그렇지 못한 성품에 기인한다.

관심과 존경은 쉽게 찾아오지 않았다. 그의 대표작《의지와 표상으로서의 세계》가 백 권도 안 팔린 사실에 분노한 쇼펜하우어는 '책을 팔 의지가 없었다'며 출판사를 비난했다. 그러면서 베네치아에 출간 기념 여행을 가야겠으니 인세를 내놓으라고 다그쳤다. 책이 나가야 인세가 발생할 것 아닌가? 출판사가 항변하자 이번에는 미래의 인세를 미리 내놓으라고 요구했다. 역시 거절당하자 그렇다면 여행을 갈 테니 나중에 경비를 청구하겠다고 했다.

되도 않는 억지를 부리며 쇼펜하우어는 베네치아 유람을 떠났다. 베네치아는 유럽의 귀족과 부호들에게 각광받던 여행지였다. 이곳에서 쇼펜하우어는 테레사라는 여인과 데이트를 하며 여동생 아델레에게 편지로 자랑을 했다가 답장으로 물씬 혼이 났다.

오빠와 만나는 여자들이 불쌍하다.
여자가 무슨 장난감이냐?

여성을 혐오하는 주제에 침대에서는 원한다면, 그 여자는 결국 소모품인 꼴이다. 아델레는 오빠에게 사람을 사랑하려면 똑바로 하라는 뜻으로 이야기했건만, 쇼펜하우어는 그렇다면 언행일치를 위해 여성혐오를 계속하는 한 여자를 멀리해야 한다는 황당한 결론을 이끌어낸다.

베네치아 여행이 끝나자 시련이 닥쳐왔다. 아버지의 유산을 전담 관리하던 은행이 갑자기 파산한 것이었다. 어머니 요한나의 살롱도 이에 맞물려 부도 위기에 처했다. 어머니와 여동생이 길거리에 나앉게 되자, 추구하는 겉모습만 패륜아지 속으로는 악당도 못 되는 쇼펜하우어가 나섰다.

나는 고독이다

쇼펜하우어는 나름 엘리트 비즈니스 스쿨 출신이다. 그는 언제 의절했냐는 듯 잽싸게 등장해 어머니의 재무제표를 깔끔하게 정리해주었다. 그리고는 역시 여자 둘이 합쳐봐야 남자 하나만 못하다며 신이 나서 위세를 부렸다. 이왕 도와줄 일 곱게 도와주면 벌어진 사이나 회복했을 것을, 쇼펜하우어는 쓸데없이 의기양양했다. 재산 문제를 해결해준 쇼펜하우어는 다시 어머니와 의절하고 본인의 문제에 직면했다.

그렇다, 이제 돈을 벌어야 한다. 쇼펜하우어는 모교 베를린 대학교의 강사직에 지원했다. 명석한 두뇌로 대번에 덜컥 합격했다. 그리고 다른 사람도 아닌 헤겔에 도전하기로 결심했다. 그에게 헤겔은 사기꾼이었다. 쇼펜하우어는 헤겔을 거꾸러뜨리고 싶었다. 서로의 사상이 상극이었으니 이해는 가지만 상대는 유럽에서 가장 존경받는 지식인이었다.

쇼펜하우어는 일부러 헤겔과 강의 시간을 똑같이 맞췄다. 이겨보겠다는 심산이었으나 꿈과 현실은 다른 법이다. 헤겔의 강의는 정원 3백 명이 꽉 찬 반면 쇼펜하우어의 수강생은 불과 몇 명에 그쳤다. 그나마도 나중에는 수강을 포기해서 폐강되기에 이르렀다. 이럴 수는 없다고 생각한 쇼펜하우어는 헤겔의 강의에 잠입해 헤겔이 도저히 해명할 수 없을 것 같은 질문을 날렸다. 그러나 헤겔이 직접 나설 것도 없이 대경실색한 동료 교수들에게 곧바로 진압당해 끌려 나오다시피 했다.

쇼펜하우어는 대학 자체에 회의를 느꼈다. 대학이란 곳은 교수라는 인간들이 파벌을 형성해 마피아 보스에게 충성하는 시궁창에 불과하다고 생각했다. 물론 지금 유럽 사상계의 마피아 보스는 헤겔이었다. 쇼펜하우어는 까마귀 노는 곳을 피하는 백로의 마음으로 전도유망한 직장을 스스로 버렸다. 그는 헤겔에게 악담을 퍼부었다.

정신병원 원장
현대 독일인의 지능을 집단적으로 떨어뜨린 지적 범죄자
정신병자의 철학을 늘어놓는 추한 남자

쇼펜하우어의 바람과는 달리 헤겔은 발끈하기는커녕 죽을 때까지 그의 존재조차 알지 못했다. 돈 문제는 어떻게 해결했을까? 간단하다. 이때쯤 파산한 은행이 회생하며 아버지의 막대한 유산이 되살아났다. 참고로 쇼펜하우어가 유산으로 받은 아버지의 재산 3분의 1은 그가 평생 일하지 않고 쓰고도 남을 만한 돈이다.

쇼펜하우어는 헤겔에 복수하기 위해 개 한 마리를 샀다. 당시 유럽에 유행하기 시작한 푸들이었다. 그리고는 헤겔이라고

255　　　　　　　　　　　　　　　　　　　　**나는 고독이다**

이름 지었다. 개가 조금의 실수를 할 때마다 헤겔의 이름을 부르며 구박하기 위해서였다. 그러나 쇼펜하우어는 동물학대자도 못되는 양반이었다. 개는 주인이 박대해도 꼬리를 흔드는 동물이다. 쇼펜하우어는 얼마 지나지 않아 푸들에게 깊은 사랑을 느끼고 말았다. 그는 '헤겔'의 이름을 '아트마'*로 바꾼 후 애정을 쏟았다. 이런 말도 남겼다.

여자보다 개가 좋다.

쇼펜하우어가 애견의 이름을 바꿀 때쯤, 어머니 요한나는 두 번째 장편 로맨스 소설《단테》를 발표했다. 이 작품은 전 유럽을 석권하며 그녀를 독일어문학의 여왕에 등극시켰다. 쇼펜하우어는 미칠 지경이었다.

• 자아(自我)를 뜻하는 산스크리트어

무명의 그늘

강력한 콘텐츠를 지닌 사람이라도 너무 앞서나갈 경우 무명의 고통이 길 수 있다. 쇼펜하우어가 그랬다. 쇼펜하우어의 긴 무명 시절의 배경에는 독일의 시대적 분위기가 있었다. 독일인들은 희망을 갈구했고 피히테, 셸링에 이어 헤겔이 희망을 설파하는 중이었다. 쇼펜하우어의 질문은 천재적이면서 파괴적이었다.

세상에 꼭 꿈과 희망이 있어야 하는가?

철학적 사유를 하다가 꿈도 희망도 없다는 결론이 나오면 그것이 진리 아닌가. 꿈과 희망이 반드시 있을 거라 가정한 후, 거기에 과정을 끼워 맞추면 주객이 전도된다. 세상이 먹고 먹히

나는 고독이다

는 정글이라는 사실은 쇼펜하우어에게 당연했다. 시대정신이 인류를 발전으로 이끈다니. 물질적 조건이 나아지는 건 단지 기술 개발 때문이었다. 웅대한 시대정신 따위는 보이지 않았다. 쇼펜하우어의 철학은 서양 문명을 지배하던 유일신의 관념에 결정타를 날렸다. 그는 신은 물론이요, 신의 그림자마저 삭제했다.

_ 데카르트는 신이 존재하지 않을지도 모른다는 폭탄을 던졌다.

_ 스피노자는 신이란 인격을 가진 유일신이 아니라 세상에 깃든 질서임을 주장하며 무신론적 범신론을 제기했다.

_ 칸트는 신에 기댄 도덕인 진짜 도덕이 아님을 증명했다.

_ 헤겔은 절대정신을 설파했다.

선악의 이분법으로 세계를 나누었을 때, 명백히 선의 영역에 포섭되는 강력한 질서. 이 질서가 바로 신의 그림자였다. 쇼펜하우어는 이것을 치워버렸다. 동아시아인인 우리에게 쇼펜하우어가 이야기하는 '의지와 표상으로서의' 세계는 생뚱맞거나 비관적인 세계가 아니다. 한자 문명권에는 원래부터 유일신이 없었지만 유럽의 기준에서 그의 철학은 지극히 비관적이었다.

《의지와 표상으로서의 세계》는 유명한 문장으로 시작된다.

세계는 나의 표상이다.

문학적이지만 모호해 보이는 첫 문장은 책이 30년 넘게 묻히는 데 큰 기여를 했다. 의지는 무엇이며 표상이란 어떤 것인가.

자연도 인간도 의지를 지니기는 마찬가지다. 지구는 계속해서 돈다. 떨어지는 것들은 중력에 매혹된다. 모두 의지다. 식물도 동물도 계속해서 살아남고 번성하려는 의지를 지니고 있다. 인간도 마찬가지다. 인간은 생의 의지를 갖고 있다. 생존과 번식의 욕구도 참을 수 없는 의지다. 기본적 욕망을 충족한다고 멈춰지지 않는다. 욕망은 영원히 해소될 수 없다. 앉으면 눕고 싶고 권력을 쥐면 더 높은 지위를 원하고 보다 많이 소유하고픈 존재가 인간이다.

의지는 세상을 피도 눈물도 없는 각축장으로 만든다. 의지 때문에 인간은 타인과 자연을 착취한다. 유럽인도 인간인 이상 욕망을 멈출 수 없기 때문에 외부 세계에 폭력을 자행했다. 아

나는 고독이다

프리카와 남미의 농장에서 학대받는 노예들은 죄를 지어서 대가를 받는 게 아니다. 죄라면 유럽인들의 욕망에 동원된 것밖에 없다. 유럽인은 위대해서가 아니라 단지 승리해서 착취했을 뿐이다.

쇼펜하우어는 불교의 영향을 많이 받았다. 욕망의 비극은 결코 해소될 수 없다는 데 있다. 인간은 언제나 더 많은 것을 원한다. 생의 의지에 목줄을 잡힌 인간은 결코 욕망에서 해방될 수 없다. 따라서 욕망은 좌절과 동의어다. 완전한 만족이란 불가능하기에 삶은 축복이 아니라 고통이다. 쇼펜하우어에 따르면 인생은 "갖가지 고난과 지속적인 불행의 상태"다. 쇼펜하우어는 인간의 삶에 악담을 퍼붓다시피 한다.

개개인의 인생사는 고뇌의 역사다.

인생이라는 항로는 희망의 조롱을 받는다.

인간은 태생적으로 죽음의 팔에 안겨 춤을 추는 운명을 타고났다.

인간은 모두 결국에는 난파를 당해 부서진 돛대를 안고

Wille und Vorstellung

의지와 표상. 의지는 쇼펜하우어의 모국어인
독일어로 Wille 혹은 Willen이다. 영어로는
Will이다. 이 독일어에는 뜻이 많다. '욕망',
'갈구함', '추구', '노력', '고집' 등을 모두
포함한다. 쇼펜하우어는 이 단어를 기계처럼
무심하게 돌아가는 톱니바퀴의 뉘앙스로
사용했다. 인간이 생명체로 태어난 이상 차가운
톱니바퀴에 걸려든 셈이다.

표상表象은 독일어 Vorstellung포르스텔룽으로,
직역하면 '앞에 세운다'는 뜻이다. 원래는
칸트의 철학 용어로, 쇼펜하우어뿐 아니라 많은
철학자가 이 단어를 사용했다.

죽음의 항구로 흘러들어온다.

인간의 전 생애의 오류는 언제나 비극을 연출한다.

삶은 비탄의 연속이며 결코 바람직하지 못한 어떤 것이다.

칸트의 난제에 피히테, 셸링, 헤겔이 희망차게 내놓은 답안은 쇼펜하우어의 귀에는 헛소리로 들렸다. 역사와 세계는 발전하는 중이고 그래서 안심해도 된다는 결론을 미리 세워놓고 짜맞춘 누더기에 불과했다. 철학이 냉철하려면 세상은 틀려먹었다는 결론을 내릴 용기도 있어야 한다. 그렇다면 이제 인간의 근원적 불행을 해결할 차례다. 쇼펜하우어는 인정사정없었다. 인간이 무엇이관데 불행하면 안 되냐는 일갈이 그의 답안이다.

헤겔은 가이스트가 인류를 진보로 이끈다고 주장했지만, 쇼펜하우어의 생각에 인류가 진보하는 이유는 그냥 지식이 쌓여서였다. 유럽 사회는 잘난 지식 덕에 아프리카를 괴롭혔다. 여기서 지식은 총이나 대포 같은 무기에 불과했다. 헤겔이 역사 발전을 역설한들 노예 상태로 신음하는 아프리카인들에게 인류는 숭고한 정신에 의해 진보하는 중이라고 속삭일 수는 없는 노릇이다.

쇼펜하우어는 물자체에 다가갈 수 없다는 칸트의 주장을 지지했다. 자아의 팽창, 직감, 절대정신 따위는 우스꽝스러워 보였다. 독일인들은 따로 꿈과 희망을 제공받아야 하는 인류의 특권층이 아니다. 이 비정한 통찰력이야말로 쇼펜하우어의 위대함이다. 그는 칸트가 남긴 근원적 외로움을 순순히 인정하기 위해 '표상'을 꺼내든다.

표상은 인식에 맺히는 주관적 상이다. 어차피 인간은 자기 주관의 한계로 세계를 인식할 수밖에 없다. 인간에게 세계는 의지와 표상으로서 다가온다. 여기서 끝이다. 끝이라고 큰일 날 일은 없다. 인간이 그렇게 대단치 않다. 철학적 사유 끝에 아무것도 없다는 결론이 나오면, 과연 그렇다고 인정하면 된다.

의지와 표상으로의 세계 속에서도 인간에게 남는 것은 있다. 세상은 지옥이며, 뿌연 안개처럼 알 수 없는 공간이다. 여기서 인간은 끊임없이 고뇌하며 매 순간 하나하나 선택해나가야 한다. 이것이 인생이다. 그 사실을 알고도 한 페이지씩 삶에 도전해나가는 인간이야말로 진정 위대할 수 있다.

쇼펜하우어가 말하는 인생은 결코 돼지우리가 아니다. 그는 도덕과 예술에서 숭고함을 이야기한다. 생의 의지를 거역하는 것이야말로 인간이 저지를 수 있는 숭고한 '교통사고'다. 쇼펜하우어는 윤리학에 있어 21세기의 과학자 같은 세련된 개념을 제

263

시했다. 인간을 인간으로 유지시키고 세상의 정글이 지옥으로 떨어지는 비극을 막는 것은 무엇인가? 쇼펜하우어는 인간성의 핵심을 동정심이라고 보았다. 요새 말하는 '공감 능력'에 정확히 대입된다. 동정심은 감정에 불과하다는 점에서 이성의 반대편에 있다. 동정심은 합리적이지 않기에 인간의 한계를 초월하고 거꾸로 인간성을 붙든다.

인간에게는 실용적이지 않은 선택을 할 수 있는 상상력이 있다. 이것으로 자신에게 부여된 자연의 강력한 의지에 반항할 수 있다. 쇼펜하우어에게 윤리와 예술은 떨어질 수 없는 한 쌍이다. 둘 다 실용적이지 않다. 맹자는 측은지심을 논하며 우물가의 예를 들었다. 지나가는 사람이 우물에 떨어지려는 아이를 보면 손익을 따지지 않고 일단 구하고 본다는 이야기다. 실용과는 상관없다. 예술도 마찬가지다. 그저 하고 싶기 때문에 저지르는 것이 예술이다. 평론가들은 작품론을 구상하며 예술가에게 묻곤 한다. 예술가는 흔히 "그냥 해보고 싶어서"라고 대답한다.

발전을 추구하는 당대 유럽의 열정적인 분위기 속에서 쇼펜하우어의 철학은 주목받지 못했다. 길고 긴 무명 생활은 그에게 고통을 안겼다. 그의 생각에 유럽인들은 자신의 사상을 이해하기에는 너무 열등했다.

두 발로 멀쩡히 걷는다는 사실만으로 나와 대등하다고

여기는 인간들과 상종하지 않겠다.

30대의 쇼펜하우어는 우울했다. 그는 타인과의 교류를 최소한으로 줄이고 외국어를 익히며 외로움을 달랬다. 덕분에 스페인어와 이탈리아어에 통달했다.

흔한 오해와 달리 쇼펜하우어는 자살을 권하지 않았다. 자살도 인간의 실존적 선택 중 하나라고 이야기했을 뿐이다. 그럼에도 그가 '자살 철학자'로 과장된 이유는 역시 자살을 금기시하는 기독교 문화에서 당대 유럽이 자유롭지 않았음을 보여준다.

쇼펜하우어는 가까이 하기에 어렵지만 존경할 만한 사람이 되고 싶었다. 인간을 혐오하지만 인간들에게 사랑받는 이지적인 악당이 그의 목표였다. 그러기 위해서는 초연한 염세주의자여야 했다. 그런데 정작 그가 묵던 여관에 불이 났을 때 쇼펜하우어는 그 누구보다 먼저 여관을 탈출하는 기록을 세웠다. 베를린에 헤겔을 죽인 콜레라가 돌았을 때는 신속하게 이사 준비를 마치고 프랑크푸르트로 이사했다. 그곳이 그가 여생을 보낸 도시다.

쇼펜하우어는 40대가 되어서도 고독하고 우울했다. 그의 친구는 오로지 푸들뿐이었다. 그런데 칸트를 존경했던 그는 쾨니히스베르크의 인간 시계를 흉내 내고 싶었다. 관심 욕구가 대단했던 쇼펜하우어는 자기도 칸트처럼 정확한 시간에 특정 장소에 나타나는 걸로 프랑크푸르트의 존경받는 명물이 되고 싶었다. 애로 사항이 있었다. 쇼펜하우어는 칸트처럼 아침형 인간이 못 됐다. 늦잠을 이겨내지 못한 그는 남들 다 일하는 오후가 되어서야 칸트 흉내를 낼 수 있었다. 그 탓에 새벽부터 일정을 소화한 칸트와 달리 쇼펜하우어는 하루를 반토막내고 나서야 제 일을 시작했다.

40대 중반이 된 쇼펜하우어는 알 수 없는 말을 중얼거리며 푸들을 데리고 산책했다. 프랑크푸르트 주민들은 그의 정신이 이상해진 게 아닌지 걱정했다. 하지만 쇼펜하우어가 중얼거린 내용은 자신의 철학이었다. 듣고 알아봐주길 원해서 한 행동이었다. 사람들은 그의 철학을 알아듣는 대신 어머니 요한나에게 아드님을 좀 챙겨주셔야 할 것 같다고 연락했다.

아들이 걱정된 요한나는 의절은 잊고 편지를 써서 안부를 물었다. 마침 모성애가 고팠던 쇼펜하우어는 자기가 먼저 편지를 쓰지 않았으니 이겼다는 쾌감과 함께 다시 어머니와 편지 교류를 시작했다. 쇼펜하우어는 프랑크푸르트의 칸트가 되는 데 실패했다. 대신 그의 푸들이 '작은 쇼펜하우어'라는 별명을 얻었다. 기분 나빠도 할 말은 없었다. 개에게 철학자 헤겔의 이름을 붙인 건 자신이 먼저였으니 말이다.

　　　　　　　　　　　　　　쇼펜하우어

외로운 관심병 환자의 삶이지만 이제 쇼펜하우어의 철학도 주목받을 때가 되었다. 19세기 중반으로 접어들던 유럽은 결국 프랑스 혁명이 실패한 것 아니냐는 비관론이 고개를 들고 있었다. 한편 경제적으로는 고도성장에 의해 물질적 풍요를 누림과 동시에 양극화가 심화되었다. 언제나 이럴 때 허무주의와 비관론, 자기반성이 새로운 시대적 유행이 되기 마련이다.

쇼펜하우어는 50대가 되어서야 서서히 주목받기 시작했다. 프랑크푸르트 주민들도 '작은 쇼펜하우어'의 주인이 알고 보니 어설프지 않은 철학자 선생이라는 정도는 알게 되었다. 산책의 묘미를 슬슬 알아갈 무렵 쇼펜하우어는 법조인들에게 큰 존경을 받기 시작했다.

인간은 안개 속을 헤매는 고독한 늑대다. 법조인들도 마찬가지다. 그들은 늑대이되 횃불을 든 늑대다. 동시에 똑같이 상처받고 후회하는 나약한 인간이다. 법조인들은 비록 세상이 정글일지언정 지옥은 아니기를 바라며 타인의 운명을 다룬다. 법이란 시대정신의 산물이자 인류 진보가 만들어낸 거대한 질서 같지만 사실 그렇지 않다는 사실을 법조인들이야말로 잘 안다. 자신의 판결로 피의자의 운명이 갈리기 때문이다. 칸트는 별처럼 반짝이는 도덕법칙을 느껴보라고 속삭이지만 그런 게 느껴질리 없었다. 그렇기 때문에 인간의 실존과 불확실성에 대한 쇼펜

　　　　　　　　　　　　　　나는 고독이다

하우어의 철학은 그들에게 위로와 용기를 주었다.

이를 안 쇼펜하우어는 자신의 철학에 감동만 받는 법조인들에게 화를 냈다. 쇼펜하우어가 최고라는 칼럼을 쓰고 소문내는 일에 게으르다는 이유였다. 하지만 법조인들은 변호하고 판결하느라 바빴고 쇼펜하우어는 스스로의 힘으로 성공했다. 60대가 되고 나서였다.

인간의 그늘

쇼펜하우어에게 참으로 강력한 그늘이었던 어머니 요한나는 그가 50세였을 때 72세의 나이에 사망했다. 성별을 떠나 모두가 부러워할 만한 삶이었다. 그녀는 남편의 부로 누릴 수 있는 모든 것을 누렸고 스스로의 능력도 입증했다. 미모와 매력으로 살롱을 운영하는 동시에 문학적 재능으로 각광받으면서 사교계의 중심에 있었다.

그러나 시간이 흐르면서 그녀의 문학은 유행의 물결에 따라 동시대성을 잃었다. 멤버들이 하나하나 노환으로 세상을 뜨자 살롱은 더 이상 주목받는 공간이 아니었다. 요한나는 남편의 유산을 시원하게 다 쓰고 1년간 귀족의 후원을 받은 후 사망했다. 이걸 두고 '아들의 철학적 재능을 몰라본 속물적인 여자의 비참한 최후'라고 굳이 폄하하는 작가들이 있다. 공정하지도 않고 사실과도 다르다. 거꾸로 말하면 요한나는 그 나이가 되어서도 귀족의 후원을 얻어낼 이름값이 있었던 셈이다. 때가 지나면 잊히는 일은 대중문학가의 숙명이다. 재산도 살롱도 문학도, 질 때가 되었을 뿐이다.

쇼펜하우어는 63세에 이르러 국제적인 주목과 존경을 받기 시작했다. 이미 알음알음 밑간은 되어 있었지만 갑자기 폭발적으로 성공했는데, 그 이유는 부록 때문이었다. 쇼펜하우어는 노년에《의지와 표상으로서의 세계》개정판을 내면서 초판과 재판의 격차를 설명하고, 이해를 돕기 위해《여록과 보유》라는 제목의 부록집을 따로 냈다. 그는 젊은이들을 독자로 설정해 이 책을 썼다.《여록과 보유》는 지극히 문학적이며 경구의 형식을 취했다. 순문학으로 봐도 기가 막힌 작품이었다.

《여록과 보유》는 유럽의 베스트셀러가 되었을 뿐 아니라《의지와 표상으로서의 세계》를 알리는 데 큰 몫을 했다. 헤겔이 받았던 존경과 찬사를 이제 쇼펜하우어도 누리게 되었다. 세상은 쓰레기라고 말하며 시도 때도 없이 '인간 따위'를 읊조리던 염세주의 노학자는 성공하고 나자 그만 몹시 낙천적인 사람이 되어버리고 말았다.

원래 쇼펜하우어는 의심병 말기라는 표현이 아깝지 않은 인

Parerga and Paralipomena

다음은《여록과 보유》라는 책의 성격을 가장 잘
설명하는 본문의 비유 중 하나다.

"추운 겨울날, 고슴도치들은 얼어 죽지 않고 체온을
유지하기 위해 서로 바싹 달라붙어 한 덩어리가 되어
있었다. 그러나 곧 그들은 가시가 서로를 찌름을
느꼈다. 그래서 그들은 다시 떨어졌다. 그러자 그들은
추위에 견딜 수 없어 다시 한 덩어리가 되었다. 그러자
가시가 서로를 찔러 또다시 떨어졌다. 이렇게 그들은
두 악마 사이를 오갔다. 그러다 그들은 결국 상대방의
가시를 견딜 수 있는 적당한 거리를 발견했다.

인간 생활의 공허함과 단조로움에서 생겨나는
사회생활의 욕망은 인간을 한 덩어리로 만든다. 그러나
그들은 불쾌감과 반발심으로 인해 다시 떨어진다.
그들은 마침내 서로 견딜 수 있는 적당한 간격을
발견하게 되었다. 바로 정중함과 예의이다."

단순한 철학적 우화로도 뛰어나지만《여록과
보유》가《의지와 표상으로서의 세계》의 부록집인
만큼 쇼펜하우어 철학의 세계관에 완벽히 부합하는
이야기다. 자연이 부여한 끝없는 의지 때문에 인간은
욕망 사이에서 갈등한다. 그리고 어느 하나를 제
몫으로 선택하고 책임져야 하는 실존적 상황에 처한다.
정중함과 예의는 의지가 베푼 보상인 동시에 품위를
알게 된 인간이 다시는 내버릴 수 없는 등짐이기도
하다. 이렇게 인간은 '의지와 표상으로서의 세계'를
헤매며 한 걸음씩 나아간다.

간이었다. 그는 이발사에게 면도를 맡기는 것도 불안해했다. 면도칼로 무슨 짓을 할지 누가 안단 말인가! 잘 때는 베개 밑에 장전된 권총을 준비해놓았다. 그는 파이프 담배를 피웠는데 당시에는 파이프부터 가루 담배, 불을 지피는 기구까지 한 세트가 필요했다. 쇼펜하우어는 그것들을 상자에 보관해 들고 다니면서 항상 자물쇠를 채워놓았다. 이런 자신을 좋아해주는 존재는 강아지뿐일 줄 알았건만 모든 유럽인이 그를 칭송하다니 얼마나 가슴이 부풀었겠는가.

결국 그토록 바라던 관심과 존경을 보다 일찍 받기 위해서는 괴테가 생전에 해주었던 조언을 따라야 했는지도 모른다. 세상의 사랑을 받고 나서야 쇼펜하우어는 기분 좋은 노인네가 되었다. 이때는 처음 키웠던 푸들이 죽고 다른 푸들을 키우고 있었는데, 이름은 '부츠'였다. 쇼펜하우어와 부츠의 산책은 프랑크푸르트를 상징하는 명물이 되었다. 주민들은 위대한 철학자와 이웃이라는 사실을 자랑스러워했다.

쇼펜하우어는 사람들이 자신을 두려워하고 우러러보길 바랐지만 사실 프랑크푸르트 주민들은 그를 어려워하지 않았다. 그의 푸들은 너무나 낙천적이었다. 나쁜 사람이라면 개가 이렇게 흥겨울 수는 없는 일. 쾌활한 개를 끌고 다니며 공포 분위기를 연출하려니 실패할 수밖에 없었다. 개의 입장에서 쇼펜하우어는 이상적인 주인이었다. 자기만 예뻐해주고 하루 종일 함께 있어주며 산책도 하니 말이다.

쇼펜하우어에게 인간은 불완전한 존재 그 이상도 이하도 아니었다. 그는 괴팅겐대학교 의학부에서 두개골을 열어보고 이성은 본능이며 뇌에 있고, 뇌는 그저 신체 일부임을 직감했다. 이성은 우주적 질서의 산물이 아니다. 인간이 비빌 언덕이란 것도 없다. 인간은 의지와 표상에 갇혀 뿌연 안개 속에 헤매지만 의지와 표상에 의해 위대해지기도 한다. 삶은 필연적으로 고독하지만 그렇기에 한 걸음 한 걸음이 도전인 것이다. 선택은 피할 수 없는 실존이다. 실존주의는 쇼펜하우어에 의해 이렇게 태동했다. 선택의 한순간을 밝게 비추는 등불이 예술이다. 쇼펜하우어는 예술가들의 예수 그리스도다.

당대에는 음악가 리하르트 바그너[Richard Wagner]가 쇼펜하우어에게 푹 빠졌다. 그는 대표작 중 하나인 오페라 〈니벨룽겐의 반지〉를 쇼펜하우어에게 바쳤으며, 악보를 편지로 보내기도 했다. 평소에 악당 노릇을 하고 싶던 쇼펜하우어가 기회를 놓칠 리 없었다. 그는 즐겁게 이따위 것도 음악이냐며 투덜거리는 답장을 써 보냈다.

바그너는 쇼펜하우어에게 답장을 받은 것만으로도 감격했다. 그는 〈트리스탄과 이졸데〉를 쇼펜하우어의 훈계를 받고 반성해서 써낸 숙제라고 밝혔다. 이만치 세상이 자기를 중심으로 돌아가니 기분이 너무나 좋았던 쇼펜하우어는 산책을 하면서 행인들에게 우울한 표정을 보여주기 위해 각고의 노력을 했다고 한다.

쇼펜하우어의 70세 생일에는 유럽 각국의 외교부에서 축전이 날아들었다. 생일 축하연에는 명사들이 모여들어 그에게 찬사를 바쳤다. 아마 귀에 걸리는 입꼬리를 밑으로 잡아당기느라 무척이나 고통스러웠을 것이다. 베를린 왕립학술원장에 추대되었을 때는 그 좋은 자리 앞에 초연한 모습을 보이는 멋을 만끽하며 거절했다.

1860년 9월 21일, 72세의 쇼펜하우어는 잠자리에서 일어나자마자 급성 폐렴 증상으로 쓰러졌다. 그리고 그날 푸들 부츠를 남기고 사망했다. 어머니가 돌아가셨던 나이와 같다. 유언을 통해 전 재산을 애견 부츠에게 남겼다는 이야기가 있는데 사실과 조금 다르다. 보살핌이 필요한 부츠에게 재산의 일부를 남기긴 했지만 대부분은 자선단체에 기부했다. 인생의 마지막에 이른 쇼펜하우어가 동정심이라는 자기 철학의 인간성을 증명했던 것일까?

쇼펜하우어의 삶은 외롭고 치졸했지만 그조차 자신이 선택한 결과다. 적어도 그가 스스로 고독을 택했다는 사실은 변하지 않는다. 쇼펜하우어는 놀리기 좋은 철학자다. 나약하게 태어나 속 좁은 인간으로 살았지만 거꾸로 말하면 타고난 성품의 감옥 속에서도 그는 자신의 철학을 지켰다. 가장 소중한 하나를 위해 나머지 모두를 포기하는 어리석음도 개인의 특권이다.

인간은 필연적으로 고독하다. 인간은 아무리 사랑받고 싶어 해도 혐오스러움을 지울 수 없는 한심한 존재지만 그렇게 태어 나고 말았다. 그 채로 삶의 관문에 부딪혀간다. 다음 단계의 미 래를 향해 더듬거리며, 절뚝이며 나아갈 수밖에 없다. 도망갈 곳 은 없다. 직면해야 한다. 고개를 똑바로 들고 알 수 없는 미래를 응시하는 그것이야말로 인간의 비극이며, 비극 속에서 비로소 인간성이 태어난다. 따뜻한 인간애와 예술의 숭고함이 바로 거 기에 있다.

나는 고독이다

니체

Friedrich Wilhelm Nietzsche
1844~1900

나는 투쟁이다

니체의 이름은 철학자의 인명사전보다는 패션에
가깝다. 그는 정합성과 엄밀함을 추구하는
철학사에 자리한 유일한 록스타다. 우리는 니체가
구사한 매혹적인 문장에 사로잡혀 그의 세계로
빨려 들어간다. 초인적인 혹은 가장 인간다운
철학자 니체를 이해하기 위해서는 신비로운
문학의 숲을 통과해야 한다. 예술은 이해보다는
감동을, 판단보다는 느낌을 던져준다. 난해하기로
악명이 높은 니체의 철학이 그렇다. 그는 문학의
숲을 가로질러 인간의 정신을 근대에서 현대로
옮겨놓았다.

니체에 대한 평가는 철학자들 사이에서도 호불호가
극명하게 갈린다. 그는 악마적 천재이거나 천재적
악마다. 열광하지 않는 이들에게는 혐오와 기피의
대상이지만, 추종자에게는 눈부신 조명과 굉음이다.
뚜렷한 의지로 혼란스러운 주문을 외는 사람, 현대
철학의 창시자이자 최초의 현대인인 니체는 우리의
의식 구조를 형성한 정신적 선조 중의 하나다.

인간의 탄생

1844년 10월 15일, 독일 프로이센 왕국 작센 주의 뢰켄^{Röcken}이라는 마을에서 아기가 태어났다. 독일 마을 어디에나 그렇듯 뢰켄에도 개신교 교회가 하나 있었다. 아이는 목사가 배정받은 관사에서 태어났다. 목사님 집안의 장남이었다. 10월 15일은 프로이센 왕국의 군주 빌헬름 4세의 생일이기도 했다. 임금님과 생일이 같다니 기념할 만한 일이다. 빌헬름의 본명은 프리드리히였다. 아기의 이름은 프리드리히 빌헬름 니체로 지어졌다.

니체 나이 2살 때 여동생 엘리자베스가 태어났다. 부모님과 아들딸, 니체의 네 가족은 뢰켄 마을 교회에 딸린 목사 관사에서 퍽 여유롭게 살았다. 그러나 니체의 나이 5살 때, 아버지가 갑자기 쓰러져 돌아가시고 말았다. 사인은 뇌경색이었다. 의학자들

은 뇌의 혈관 문제가 이 집안 남자들의 가족력이 아닌지 의심한
다. 니체의 아버지가 젊은 나이에 뇌 기능을 잃었듯 훗날 아들의
두개골 안에서도 불행한 사건이 일어난다.

목사 집안의 중심은 당연하게도 기독교였다. 아이들은 본능
적으로 어른들이 원하는 행동에 빠져든다. 칭찬과 관심은 아이
가 태어나 처음 느끼는 마약이다. 니체는 성경 구절과 찬송가를
기막히게 암송했다고 한다. 한국으로 치면 나이 몇에 천자문을
떼었느니, 얼마나 어린 나이에 처음 글귀를 적었느니 하는 종류
의 이야기다. 어른들은 꼬마 니체의 암송을 듣고 감동의 눈물을
흘렸다고 한다.

이게 과연 눈물을 흘릴 일일까? 과한 몰입이다. 아마도 어
린애의 육신을 빌어서 자신의 말씀을 하는 걸 보면 성령이 여기
계시는 게 틀림없다고 믿은 모양이다. 아이가 신동이라는 사실
에 신났다면 자연스럽다. 눈물은 이 집안의 지나친 엄숙주의를
암시한다. 그래도 니체는 최초의 별명을 얻었다. '꼬마 목사님'
이다. 나중에 신은 죽었다고 외치며 '파괴하는 철학자'라는 별명
을 얻은 인물치고는 꽤나 얄궂은 첫 출발이다.

아버지가 떠나고 나자 신임 목사 가족을 위해 관사를 비워
주어야 했다. 가족은 꼬마 목사님의 할머니 집으로 이사 갔다.
이곳에는 결혼하지 않은 2명의 고모가 살았다. 집안의 유일한

남자였던 니체는 어머니, 할머니, 고모들, 여동생까지 온통 여자들에게 둘러싸인 채 성장했다. 남동생 요제프는 병약하게 태어나 금방 죽었기에 남자는 오직 니체뿐이었다.

허약한 니체는 어린 시절 대부분을 누워서 보냈다. 집안 여자들은 니체를 보살피는 동시에 그를 독점하려고 암투를 벌였다. 두 고모는 걸핏하면 어머니를 구박했다. 고모들에게 어머니는 '우리 집 남자 죽인 여자'였다. 한국 막장드라마에 나올 법한 두 여성에게 니체는 '네 아들'이라기보다는 '내 조카'였다.

여동생 엘리자베스는 여자들이 남자 하나를 독차지하기 위해 서로를 증오하는 왜곡된 가정에서 자라났다. 그녀에게 오빠는 존재 자체로 스타였다. 그녀는 남성성, 힘, 권위와 같은 것들을 맹목적으로 추종하는 여성으로 자라났다. 이런 집안에서 성숙한 어른이 된다면 박수받을 일이지만 그러기는 쉽지 않다. 니체의 성장 환경을 추적해보면 밝은 느낌을 찾을 수가 없다. 좋은 일이 생기면 감사 기도를, 안 좋은 일에는 회개 기도를 올리는 종교적인 분위기 속에서 가족들은 신앙을 핑계로 서로를 감시했다. 엄숙함과 음울함이 뒤섞인 집안이다.

인간의 성장이란 헤겔이 말하는 '빌둥'이기도 하지만 파괴이기도 하다. 부모는 역할 모델인 동시에 전복해야 할 체제다. 성장은 계승이자 반란이다. 성인이 된 니체는 모든 종교적 가치

나는 투쟁이다

를 뒤집는 반란을 기획한다. 그의 반란은 성공했다. 성공한 반란 대부분은 소리 없이 기획된다.

니체는 쇼펜하우어와 함께 여성혐오 철학자로 악명이 높으나 반은 맞고 반은 틀리다. 성장기를 누워서 보낸 니체는 데카르트처럼 관찰하고 의심하고 회의했다. 타고난 날선 두뇌와 예민한 문학적 감수성, 그리고 아픈 몸은 철학자가 될 최적의 조건이었는지도 모른다. 문제는 그가 주로 관찰한 어른들이 여성이었다는 점이다. 니체와 같은 조건의 아이는 어른의 허점을 짚어내고 결국은 그들을 부정하기 마련인데, 하필이면 모두 '여자 어른'이었다. 어른의 부조리는 니체에게 자동적으로 여자의 부조리로 번역되었다.

니체의 여성혐오는 자기혐오와도 맞닿아 있다. 병약한 아이는 어쩔 수 없이 민폐. 몸이 아파 여성의 보살핌에 의존해야만 하는 자신의 모습도 아름답지는 않다. 니체는 여성에게 의존적이어서는 안 된다는 강박을 키웠다. 여성에게 의존적이지 않으려면 여성을 부정해야 한다는 의식이 생겨났다.

여자를 만나러 갈 때는 몽둥이를 잊지 마라.

니체의 유명한 말은 두말할 나위 없는 여성혐오지만, 여자를 몽둥이로 쫓아내서라도 스스로 자립하지 않으면 안 된다는 강박적 의무감이 숨어 있다. 놀랍게도 니체의 여성혐오는 건전한 결론으로 귀결된다. 집안 여자들이 니체를 끼고 돈 이유는 그가 아팠을 뿐 아니라 집안 유일의 남자이자 신동이었기 때문이다. 장차 집안을 다시 일으킬 사람에 대한 집착이었다. 그래서 니체가 진정 혐오한 대상은 여성은 이래야 하고 남성은 저래야 한다는 '성 역할'이었다. 인간에게는 인습으로부터 자유로울 권리가 있다. 니체는 극과 극의 철학자다.

신동 니체는 김나지움에 불과 10살의 나이로 입학했다. 훗날의 사가들은 니체가 친구 없이 고독한 학교생활을 했다며 이때부터 그의 외로운 성격을 알 수 있다고 평했다. 도무지 동의할 수가 없다. 10살짜리 꼬마가 청년들과 어울리지 못하는 것은 당연하다. 또래가 없는 니체는 혼자 놀았다. 신동 아니랄까 봐, 그의 놀이는 작곡과 시 쓰기였다. 이때부터 시작된 니체의 예술 활동은 그를 철학의 세계로 안내하는 동력이 되었다.

나는 투쟁이다

남자의 탄생

니체가 입학한 돔 김나지움의 관계자들은 어린 신입생의 뛰어난 언어 능력에 감탄했다. 학교 당국은 훗날 대학자의 모교가 될 희망에 부풀어 니체를 아꼈지만 한낱 꿈이었다. 니체는 얼마 못가 드러누웠다. 그는 나이에 걸맞지 않게 입학 2년 만에 두통과 안통에 시달렸다. 이 증상은 두개골 내의 압력이 높아진 결과일 가능성으로 점쳐진다. 혈관 문제라면 어릴 때부터 뇌 속의 피가 원활이 돌아가지 않았다는 얘기다. 니체는 여자들의 간호가 기다리는 집으로 돌아왔다.

어린 니체의 번득이는 두뇌는 조금씩 소문이 나기 시작했다. 독일어권의 학교들이 신동을 유치하기 위한 암묵적 경쟁을 시작하는 동안 니체는 집에서 음악을 작곡하고 50여 편의 시를

니체

썼다. 그리고는 특이하게도 자신의 창작물을 냉혹하게 비평했다. '창작자 지킬'과 '비평가 하이드'랄까. 이러한 냉정한 거리두기는 어른에게도 힘들다. 흔히 창작을 출산에 비유한다. 작품이라는 자식에서 벗어나기란 보통 일이 아니다. 니체는 좋은 의미로든 나쁜 의미로든 범상치 않았다.

니체는 2년 만에 두통과 안통에서 벗어났다. 슐포르타^{Schul}
^{-pforta}에서 그의 쾌유를 기다리고 있었다. 슐포르타는 국제적인 명성을 떨치던 최고급 사립학교였다. 개신교 미션스쿨이자 기숙학교였는데 미래의 엘리트 목사도 키워냈지만 명문대학 진학률도 굉장했다. 슐포르타는 니체에게 전액장학금을 보장했다. 이렇게 14살의 니체는 기숙 생활을 시작했다.

교사들은 니체의 독일어 작문 실력에 매료되었다. 니체의 문장은 아름답고 웅장하며 계시적이다. 그러나 뇌 질환에 시달리는 니체의 머리는 금방 피로해졌다. 끈기 있는 분석과 치밀한 계산은 니체를 병상으로 보내기에 안성맞춤이었다. 그래서인지 니체는 철학자치고는 특이하게 수학 실력이 별로였다.

공부 잘하는 아이 반장 시키듯 슐포르타의 교사들은 니체를 선도부장에 임명했다. 니체의 임무는 공부 안 하고 딴 짓하는 학우들을 감시하고 보고서의 형태로 일러바치는 일이었다. 그런데 생각해보면 '딴 짓'은 불성실함일지언정 그 자체로 하나의 활동

나는 투쟁이다

이다. 어른들의 명령에 의해 하는 공부와 달리 주체적인 일탈이다. 우리는 자라면서 딴 짓을 통해 정체성을 확인한다. 시간 낭비는 자아를 키우고 상상력의 틈을 벌린다. 니체의 보고서는 그의 비범한 문학성을 보여준다.

강당에서 깜빡깜빡하고 있는 램프들이 너무 흐려서
학생들은 각자 자신의 불이라도 빛나게 하려고 노력했다.

선생들은 경악했다. 엄숙한 보고서에 예술을 하다니! 독일의 학교에는 구타와 기합이 흔했다. 하지만 몸이 약한 니체를 때려봐야 드러누울 게 뻔했다. 학교는 그를 종교재판에 회부했다. 미션스쿨이랍시고 학교 안에 종교재판소가 있었던 것이다. 판결 결과는 징역 3시간에 집행유예 몇 주. 즉 3시간 감금과 외출 금지 몇번이 전부였다. 니체야 한가롭게 작곡이나 시를 쓰면 될 일이었다. 아마 학생들을 겁주려고 종교재판의 형식을 빌었던 것 같다.

니체의 청소년기는 한마디로 압축된다.

아버지의 부재와의 사투

니체

소년에게 아버지는 섬겨야 할 군주이자 반란의 과녁이다. 남성 모델이 없는 성장환경 속에서 니체는 자연스레 아버지를 대체할 권위를 찾았다. 목사의 아들인 니체가 종교를 아버지의 대체제로 선택한 건 이상하지 않은 일이다. 그러나 빠져들면 빠져들수록 기독교의 교리와 윤리에 동의할 수 없었다. 니체는 절망적으로 기록했다.

십자가에 못 박힌 예수에게 절박하게 도움을 요청했지만
그는 끝내 십자가에서 내려오지 않았다.

니체는 아버지와 사별한 쇼펜하우어처럼 기독교와 결별했다. 쇼펜하우어에게는 사고였지만 니체에게는 졸업이었다. 청소년기의 니체는 직관했다.

종교는 우상이다.

피조물이 조물주를 섬기는 일은 말이 된다. 그런데 신이란 존재가 인간이 만든 관념이라면? 자신의 피조물을 섬긴다면 이상하다. 니체에게 모든 종교는 토템이었다. 자신이 깎은 토템에 절을 하다니 참으로 기괴하지 않은가.

287   **나는 투쟁이다**

창조된 신은 우상이다. 예수가 십자가에서 내려와 그를 돕지 않은 이유는 간단하다. '신이자 신의 아들로서의 예수'는 우상에 불과하기 때문이다. 니체는 철학을 길을 선택한 후《우상의 황혼》, 그 이름도 파괴적인《안티크리스트(반그리스도)》를 통해 기독교 삼위일체의 사슬을 끊어버렸다. 사슬에 풀려 자유로이 드러난 실체는 '인간 예수'다. 그곳에는 끊임없이 치열하게 스스로를 넘어선 한 인간이 있다. 그리스도교가 그리스도를 거짓의 포장지에 가둬두고 있었다. 니체의 종교는 인간이었다.

그리스도는 최초이자 최후의 그리스도교인이다.

슐포르타를 졸업하자 명문인 본대학교가 전액 장학금을 준비해두고 니체를 불렀다. 대학 당국은 언어 능력으로 소문난 그를 고전문헌학과에 등록시켰다. 고전문헌학은 과거의 학문과 저술의 참뜻을 복원해내는 일이다. 고전문헌학, 비교문헌학 등 문헌학은 천재들이 활개 치는 인외마경*이다. 이 아수라장에는 고문서 하나를 제대로 읽겠다는 이유로 3개 국어를 아무렇지 않게 마스터하는 인간들이 설친다.

• 인간은 없고 악마들만 설치는 풍경.

본대학교에서 니체는 은사이자 당대 최고의 문헌학자인 알브레히트 리츨Albrecht Ritschl을 만났다. 리츨은 니체의 재능에 충격 받았다.

천재란 이런 것이다.
모든 젊은 문헌학도의 우상이다.

니체는 얼마 지나지 않아 유럽 문헌학의 미래로 점쳐졌다. 그러거나 말거나 대학에서 만난 친구들은 '문헌학의 미래'를 사창가에 끌고 갔다. 속된 말로 '총각 딱지를 떼어줘서 어른 만들어주겠다'는 심보는 동서고금에 보편적인가 보다. 어찌어찌 끌려간 니체는 매춘부의 손가락 하나 건드리지 않았다. 공포에 질린 것처럼 뒤도 돌아보지 않고 뛰어서 사라졌다고 한다. 여성에 대한 형연할 수 없는 두려움의 실체는 무엇일까. 아마도 여성에 성욕을 의탁하는 게 환멸스럽지 않았을까 싶다. 매춘도 따지고 보면 여성의 돌봄을 돈으로 사는 일이라고 할 수 있다. 니체는 아버지의 부재와 여성들에게 둘러싸여 자란 삶이 항상 고민이었다. 지긋지긋함과 자기혐오가 뒤섞인 결과가 아닌가 싶다.

친구들이 니체를 끌고 간 업소는 고가품인 피아노가 있는 곳이었다. 피아노를 연주하는 매춘부가 있고, 손님은 생음악을 감상할 수 있었다. 꽤나 고급스런 장소였으리라. 19세기 명문대학 학생들의 용돈 사정이 풍족했음을 알 수 있다. 편모가정 장학생인 니체에게, 자기들 딴에는 한턱 쏘려는 심산이었나 보다.

사창가 도주 사건만 보면 니체가 겁쟁이 같다. 그런데 니체는 아버지의 부재가 남긴 남성성의 결핍을 진짜 마초적인 활동으로 메우고 싶었다. 결투였다. 독일은 결투 문화가 널리 퍼져 있었다. 그것도 주먹싸움이 아니라 칼싸움이었다. 니체는 검술 결투에 심취한 탓에 용돈이 고갈되었다. 진검은 값나가는 수제품인데다가 관리도 전문가의 손을 거쳐야 한다. 돈 잡아먹는 하수구였다. 유럽의 결투 문화에서 승부는 어느 한쪽이 상대의 칼에 베이거나 찔려 피가 나야 끝난다. 그런데 의외로 니체가 다쳤다는 기록은 어디에도 없다. 실력이 상당했던 걸까?

동서양을 가릴 것 없이 어릴 때 병약했던 이들이 격투에 뛰어난 경우가 많다. 상대를 파악하는 관찰력과 침착함 덕이다. 니체가 검술의 실력자였다면 이 또한 데카르트와의 공통점이니 재미난 일이다. 그러나 결투의 세계에 몰입하던 니체는 금세 흥미를 잃어버렸다. 싸움 자체가 목적이 아니었으니 이 편이 자연스럽다.

검술보다 중요한 사건이 일어났다. 니체는 드디어 철학의 아버지를 만났다. 바로 쇼펜하우어였다. 대학생이던 니체는 쇼펜하우어의 대표작 《의지와 표상으로서의 세계》를 읽고 지적 희열에 휩싸였다.

쇼펜하우어! 저 활기에 넘치는 어두운 천재…!

그렇다, 인간의 삶은 필연적으로 홀로서기이며 순간순간이 치열한 실존이다. 쇼펜하우어와 니체는 만난 적 없지만, 철학의 역사는 이 둘을 주저하지 않고 사제 관계로 부른다. 니체는 쇼펜하우어를 넘어섬으로써 쇼펜하우어를 완성하는 운명과 조우했다.

나는 투쟁이다

철인의 탄생

본대학교는 장학생 니체를 자기네 교수로 앉힐 거라 철석 같이 믿었을 터다. 그러나 변수가 있었다. 라이프치히대학교에서 니체의 은사 리츨 박사를 스카우트했는데 그는 수제자 니체와 동행하길 원했다. 니체는 스승을 따라 라이프치히대학교로 전학했다. 라이프치히대학교 입장에서는 교수를 초빙했더니 미래의 교수까지 덤으로 차지한 격이다. 그러나 진짜 승자는 따로 있었다. 그것도 독일이 아닌 스위스에.

어느 대학교가 니체를 교수로 앉히는 데 성공할지는 독일어권 학계의 관심사였다. 그의 대학 졸업이 가까워오자 스위스 제일의 명문이자 국립대인 바젤대학교가 슬그머니 나섰다. 강대국 사이에 낀 약소국은 외국의 인재를 탐하는 법이다. 바젤대학교는 니체를 그 누구보다 먼저 차지하기 위해 파격적인 수를 뒀다. '입도선매'였다. 바젤대학교는 파행을 저질렀다. 아직 대학생인 니체에게 교수직을 보장한 것이다. 니체 역시 귀찮은 몇 편의 논문과 강사 시험, 정식 교수 시험을 지나치고 싶었다.

니체는 아직 졸업 논문도 없었으니 해도 너무했다. 박사도 석사도 아니고 학사 학위 보유자도 아니었다. 그저 대학 재학생인 니체는 원칙상 무학력자였다. 공립 김나지움은 건강 문제로 퇴학했고 슐포르타는 사립학원이었다. 박사 학위를 대체할 만한 권위가 필요했다. 리츨 교수였다. 리츨은 니체의 실력은 자신이 보장한다고 호언장담했다. 그의 보증으로 니체는 대학을 졸업하기도 전에 외국 국립대의 교수 자리를 거머쥐었다. 그대로 졸업하고 교수 생활을 하면 되는데, 니체는 그러지 않았다.

니체는 스위스 대신 전쟁터에 갔다. 그는 바젤대학교 교수직을 보장받으면서 자연스럽게 프로이센 국적을 포기했다. 헌데 무국적자 신분으로 프랑스-프로이센 전쟁에 프로이센 측 용병으로 참전했다. 아버지의 부재란 무거운 것이었나 보다. 남성성의 부재를 해결해보겠다고 진검 결투까지 서슴지 않았던 니체는 기어이 전쟁터에 가서까지 '남성 어른'임을 자각하고 싶었다.

• 아직 논에서 자라고 있는 벼를 미리 돈을 받고 팜.

나는 투쟁이다

니체의 보직은 포병 장교였다. 하지만 가슴에 부상을 입으며 쓰러진 것도 모자라 시도 때도 없이 두통과 안통으로 드러누웠다. 이래서야 군복무를 계속할 수가 없다. 니체는 자의 반 타의 반으로 금방 제대하고는 직장인 바젤대학교에 갔다.

바젤대학교는 일단 니체에게 원외교수 자리를 줬다. 니체는 전공인 고전문헌학뿐 아니라 이 과목 저 과목 내키는 대로 강의를 개설했다. 그의 강의는 당대 지식인들에게 호평을 넘어 압도적이라는 찬사를 받았다. 바젤대학교는 빼앗길세라 황급히 니체를 종신 교수직에 묶어두었다. 그의 강의는 과목을 불문하고 국제적인 명성을 떨치기 시작했다. 니체의 나이 불과 20대 중반이었다.

바젤 근처에는 또 하나의 쇼펜하우어 광팬이 거주하고 있었다. 바그너였다. 마침 니체는 〈트리스탄과 이졸데〉의 팬이었다. 두 사람은 자연스럽게 만나 나이를 초월한 친구가 되었다. 쇼펜하우어의 철학을 칭송하며 밤을 새는 나날이 이어졌다. 후대의 사가들은 흔히 니체가 바그너에게 철학을, 바그너가 니체에게 음악을 전수해주었다고 적지만 실상은 반대다. 실제로는 바그너가 니체에게 쇼펜하우어 철학을 알려주었다. 음악의 태도와 정신에 대해서는 니체가 바그너를 가르쳤다.

니체는 음악이야말로 가장 높은 단계의 예술이라고 생각했다. 그랬기에 음악이란 무엇인지 수없이 고찰했다. 반면 음악적 재능을 타고난 바그너는 따로 고민할 필요가 없었다. 음표야 머릿속에서 생각나는 대로 그리면 되는 일이고 거기에 입힐 철학이 문제였다. 바그너의 쇼펜하우어 사랑은 유난해서, 작곡이 막혀 괴로울 때는 영감을 충전하기 위해 쇼펜하우어의 저서를 펼칠 정도였다. 니체와 바그너는 서로에게 선물이었다.

니체의 작곡 실력은 어땠을까. 그의 음악은 지금도 연주된다. 합창곡 같은 경우는 독일 고등학교 합창부에서도 불린다. 확실히 숭고미는 있지만 냉정히 말해 워낙 유명한 철학가가 남긴 유산이다 보니 연주되는 게 사실이다. 음악가이기만 했다면 시대를 뛰어넘는 고전은 결코 될 수 없는 수준이라는 평가가 일반적이다. 그럼에도 니체의 작품 연주는 긴 박수를 이끌어낸다. 철학자의 정신을 현장에서 느낀 것만 같은 감동을 선사해서다. 퍽 들을 만한 수준임은 확실하다.

20대의 청년 니체, 이제 교수의 신분으로 존경받기만 하면 되건만 그는 고전문헌학에 진력이 나 있었다. 대학 시절에 친구에게 보낸 편지에는 짜증이 잔뜩 담겨 있다.

문헌학 족속들. 그 두더지 같은 것들. 그들은 인생의 참되고 시급한 문제에 관심이 없다.

295

문헌학이란 예를 들자면 그리스 시대 어떤 고전에서 한 문장의 의미를 밝혀내고 집단 지성의 업적에 자기 이름을 추가하는 일이다. 니체는 이런 과거지향적인 행위를 두더지라고 표현했다. 그에게 있어 학문은 지금의 삶을 밝혀내야만 했다. 니체는 과거를 연구하는 학문도 현재의 실존을 위해 행해야 한다고 확신했다. 현실을 위해 쓰이지 않는 학문은 '퇴락'*으로 보였다.

바그너는 바그너대로 니체의 천재성을 확신하며 그의 길은 철학이라고 부추겼다. 그러잖아도 니체는 쇼펜하우어의 《의지와 표상으로서의 세계》에 희열을 느낀 만큼이나 그 한계에 실망하기도 했었다. 그가 보기에 쇼펜하우어는 자신의 철학을 끝까지 밀고 나가지 않고 중간에서 멈춘 것 같았다. 그게 불만이라면 불만을 느낀 사람이 나서서 끝까지 가볼 수밖에. 니체는 고전문헌학을 버리기로 결심했다. 니체는 명예가 보장된 세계를 떠나기 위한 집필에 들어갔다. 깐깐한 고증의 세계를 떠나 시어詩語로 인간의 비극과 숭고함을 논하는 철학의 세계로 나아가기로 했다.

* 데카당스

비극의 탄생

2등 콤플렉스는 무서운가 보다. 전교 2등인 학생이 학교 옥상에서 "너만 없으면 내가 전교 1등이야"라고 외치며 1등을 밀어 떨어트리는 도시 괴담은 널리 유통되는 서사다. 1등인 니체의 등을 시기 어린 눈으로 응시하는 2등이 있었으니, 바로 울리히 폰 빌라모비츠 묄렌도르프Ulrich von Wilamowitz Moellendorff였다. 1848년생인 그는 니체의 4년 후배다. 어려서부터 신동으로 각광받던 그는 하필이면 니체가 다녔던 슐포르타와 본대학교에 차례로 입학했다. 묄렌도르프에게 천재 소리를 바칠 사람들은 이미 니체를 겪어본 이들이었기에 '니체만큼은 아니다'는 말이 그의 인생의 꼬리표였다.

공교롭게도 묄렌도르프의 재능도 고전문헌학에 있었다. 4살

나는 투쟁이다

많은 니체의 뒤만 쫓다가 죽을 운명이었다. 차라리 묄렌도르프가 천재가 아니었다면 니체를 사랑하고 따르면 편할 일. 절대자와 같은 시대에 태어난 2인자는 행복하려야 행복할 수 없다. 2등에게 1등은 세계 전부만한 적이다. 하지만 1등은 2등을 신경 쓰지 않는다는 점이 2등의 비극이다. 묄렌도르프가 니체라는 이름의 늪에서 홀로 허우적거리는 동안 니체는 고전문헌학계를 비롯해 기독교, 유럽, 근대문명, 인간 이성의 뿌리를 적으로 설정했다.

니체는 홀로 출사표를 던지고 《비극의 탄생》을 썼다. 기념비적인 비극이 탄생했다. 20세기 정신이 탄생하는 순간이었다. 그는 철학으로의 전향을 선언했다. 그의 나이 28세였다.

《비극의 탄생》은 니체의 첫 철학 저술이자 마지막 고전문헌학 저술이다. 이렇게 표현하는 이유는 고전문헌학의 형식으로 철학을 제시했기 때문이다. 지금의 우리야 이 책이 명백한 철학서임을 잘 안다. 그러나 당대에 고전문헌학의 1인자가 쓴 책은 고전문헌학술서로 오인받을 수밖에 없었다.

니체는 의도적으로 엄밀한 고증과 분석을 흐트러뜨리고 그리스 고문서의 구절들을 편의에 맞게 짜깁기했다. 물론 오류를 숨기려는 노력도 하지 않았다. 첫 문장만 봐도 명백하다.

예술의 진전은 아폴론적인 것과 디오니소스적인 것의

이중성에 결부되어 있다는 것을, 논리적으로 통찰하는

데 그치지 않고 직관에 의해서 확신할 수만 있다면, 미의

학문에 대한 많은 것을 얻게 될 것이다.

논리적으로 통찰하는 데 그치지 않고 직관에 의해서 확신할
수만 있다니? 세상을 관찰해 에센스를 추출해내고 그 밖의 요소
를 뭉개버리는 방식은 시의 특권이다. 니체가 태생적으로 시인
임을 보여준다. 또한 그는 서문을 통해 이 책을 학자가 아닌 바
그너에게 헌정했다.

학계의 반응은 한마디로 '충격과 공포'였다. 스승 리츨뿐 아
니라 모든 학자가 아연실색했다. 처음부터 끝까지 학문적 차원
에서 맞는 내용이 하나도 없었다. 비판이 무의미할 정도였다. 한
두 개 틀렸어야 콕 집어 비평할 수도 있는 법이다. 니체를 고전
문헌학의 세계로 끌어들였지만 아깝게 놓쳤던 본대학교만큼은
그의 학우였던 헤르만 카를 우세너Hermann Karl Usener를 통해 성명
을 발표했다.

이와 같은 것을 쓴 사람은 누구든지 간에 학자로서 끝난

셈이다.

만년 2등 묄렌도르프는 니체가 비난받는 현실에 흥분했다. 그는 모두가 읽다가 던져버린 《비극의 탄생》을 탐독했다. 묄렌도르프는 《비극의 탄생》을 조목조목 비판하는 훨씬 두꺼운 책을 냈다. 어차피 틀린 내용을 왜 틀렸는지 하나하나 논증해야 하니 양이 불어날 수밖에 없다. 차라리 다른 학자들처럼 비평할 가치도 없다고 하면 모를까, 한 구절 한 구절의 오류를 모두 논증한 것이다.

묄렌도르프의 작업은 '여기 새로운 희망 묄렌도르프가 있다'는 외침이었다. 이렇게 그는 고전문헌학계의 1인자이자 유일한 천재가 되는 데 성공했다. 사실은 니체가 비켜준 거였지만 말이다. 묄렌도르프의 욕망은 너무나 투명해서 보는 사람이 다 민망할 정도였다. 니체를 비판한 이 책의 제목은 《니체 비판》이 아니라 《고전문헌학 혹은 고전철학의 미래》였다. 자기가 미래여야만 했으면 싶은 마음을 제목으로 노출하고 만 셈이다.

니체가 말하는 의미에서라면 나는 기꺼이 디오니소스의 제물이 되겠다. '소크라테스를 모범으로 삼는 인간'이 욕의 대명사라 한다면, 나는 그 욕을 기꺼이 듣겠다.

스스로에게 '소크라테스를 모범으로 삼는 인간'이라니. 이 문장은 창피스러울 뿐 아니라 묄렌도르프가 책 내용을 전혀 이해하지 못했음을 알려준다. 니체는 소크라테스를 자신의 적이 아니라 서양 문명의 원류를 상징하는 인물로 등장시켰다. 묄렌도르프의 바람과 달리 니체는 그와 투쟁한 적이 없다.《비극의 탄생》을 기점으로 이미 니체는 철학으로 넘어갔다. 니체는 묄렌도르프를 의식하거나 언급한 적이 단 한번도 없다. 이미 관심 밖이었다. 묄렌도르프를 이해 못 할 바는 아니다. 니체의 책 제목대로《인간적인, 너무나 인간적인》사람이었을 뿐이다.

니체는 1900년에, 묄렌도르프는 1931년에 죽었다. 니체는 요절할 때쯤 이미 인류 정신의 미래로 제시되고 있었다. 묄렌도르프는 죽을 때까지 30년 넘게 고전문헌학을 벗어난 니체가 서구 정신문화의 슈퍼스타가 되어가는 모습을 바라보다가 죽었다.

니체는 정신병에 걸릴 때까지 유럽 사회가 자기 철학을 이해하지 못하는 모습에 좌절감을 느끼고 고통스러워했다. 사실은 그 자신도 혹시나 싶은 기대만 있었지 이미 예상한 일이었다. 니체는 자신의 철학이 이해되기까지 걸리는 시간을 대략 백 년으로 계산했다. 그런 면에서 니체의 결단은 실존적이다. 이미 예상한 무시와 몰이해, 고독 속에 자신의 삶을 던져버렸다. 주체적으로 선택한 비극,《비극의 탄생》은 어떤 작품인가.

이 책은 서구 문명의 뿌리 깊은 도그마를 어떻게 파괴할지 선언한 출사표다. 서양 문명은 이원론에 입각해 있다. 기독교로 보면 완벽한 하나님 나라와 지저분한 인간 세상, 철학적으로 보면 형이상학의 세계와 물질세계로 나뉜다. 형상과 질료, 이데아와 그림자 세계, 천국과 현실, 영혼과 육체, 이성과 비이성, 원인과 결과, 존재 근거와 인식 근거, 말씀과 실천, 로고스와 비로고스, 원의 수학적 개념과 현실에서는 어쩔 수 없이 약간은 비뚤비뚤 그려진 불완전한 동그라미… 그러나 인간의 존재와 삶도 이원론으로 설명될 수 있을까?

이원론은 인간에게 일방통행을 요구한다. 뒤에는 불완전한 현실과 인간의 유한함이 있다. 앞에는 합리의 세계가 기다리고 있다. 이성의 엔진으로 직진하면 되지만 역주행은 불가능하다. 멈추거나 후진하면 타박을 받는다. 그러나 과연 직진만이 정답일까? 인간이 어디로 갈지는 인간이 정해야 하지 않을까? 니체에게는 인간이 자기가 정한 방향으로 가는 것이야말로 정주행이었다. 과연 주행을 해야만 하는지도 의문이다. 멈춰 있어야 풍경이 눈에 가득 들어오는 법이다. 지금 서 있는 자리가 제자리가 아니라는 보장은 없다. 이원론이 설치한 일방통행 표지판을 부수기 위해 니체는 비극을 끌어왔다.

비극은 부조리다. 관객에게 슬픔과 스트레스를 준다. 인간은 주인공이 운명의 장난에 파괴되는 모습을 굳이 확인하기 위해

극장과 서점을 찾는다. 그러니 비극을 소비하는 행위 역시 부조리다. 인간은 이성뿐 아니라 이성이 쌓아올린 첨탑을 파괴하고픈 충동 역시 본능적으로 느낀다. 부조리를 선선히 인정하고 예술을 직시할 때 비극은 탄생한다.

니체는 이원론의 틀을 뒤집기 위해 자객이 되기로 결심했다. 요인을 암살하기 위해 과거로, 과거로 추적해 들어갔다. 그가 찾은 타격 대상은 '그리스 3인방'이었다. 사제 관계로 이어지는 소크라테스-플라톤-아리스토텔레스였다. 원죄는 1대 스승인 소크라테스에게 있다. 암살은 예술적 비유임을 잊어선 안 된다. 니체의 궁극적 목표는 소크라테스를 부정하는 일이 아니다. 소크라테스로 상징되는 서구 정신 사상의 이원론적 프레임이 놓친 진실을 복원하려는 작업이다. 한마디로 말해 '인간성 회복'이었다.

니체는 점점 과감하게 경구가 가득한 시적인 문장의 책들을 내놓았다. 그에게는 철학도 예술이어서, 세상에 던지고 나면 뜯어서 해석할 사람은 널렸다고 보았다. 실제로 그렇게 됐다. 20세기 프랑스 철학은 니체가 던진 돌에 옹기종기 달라붙은 결과물이다.

사람들은 니체가 정신이 나갔다고 믿었지만 그는 여전히 바젤대학교 정교수였다. 하지만 두통과 안통이 엄습하는 날이 잦아졌다. 서른이 넘어서부터는 부쩍 쇠약해졌다. 정신을 놓는 순간이 늘기 시작했다. 아픈 머리로 이해할 수 없는 말을 중얼거리기도 했다. 니체가 시적인 문장으로 철학적 분석을 대체한 이유엔 건강 문제도 있다고 판단된다. 니체의 머리는 금방 피로해졌다. 그럴수록 직관과 확신, 타고난 문학성으로 철학을 할 수밖에 없었다.

광인의 탄생

오랫동안 사람들은 니체가 사창가를 찾았을 거라 믿었다. 그가 결국 정신병으로 커리어를 마감한 이유가 매독 때문이라고 믿는 사람들이 많았다. 그러나 니체의 삶을 추적해보면 그는 어쩌면 성생활이 전혀 없었을 수도 있다. 니체가 바그너의 부인을 짝사랑한 적은 있다. 그러나 그건 남편의 음악 활동을 지지하는 모습을 보고 느낀 플라토닉한 감정에 가깝다. 직접적인 성욕과는 거리가 멀다.

　니체는 32살 때 갑자기 몇 번 만나지도 않은 네덜란드 여인에게 청혼했다. 이유가 가관이었다. 이때쯤 친구들은 모두 결혼한 상태였는데, 모두들 아내의 눈치에 집에 묶여 있었다. 니체는 홀로 바에서 맥주를 들이키자니 고독감에 못 이겨 그의 표현대로라면 '디오니소스적 충동'으로 청혼을 감행했다. 당연히 거절 당했다.

열차 여행을 하다가 객차에서 만난 발레리나에게 청혼하기도 했다. 니체는 발레리나를 즉석에서 여자 친구로 만드는 데 성공했다. 좋은 신분에 언변으로는 유럽 제일이었으니 충분히 가능한 일이었다. 그런데 열차가 멈추기도 전에 난데없이 청혼했다가 거절당했다. 인간관계엔 순서란 게 있는 법이다. 먼저 연애편지도 주고받고 공연에 가서 꽃다발도 주었어야 하지 않았겠는가. 니체는 스위스의 이름을 아는 모든 여자들에게 청혼 편지를 돌린 적도 있지만 결과는 실패였다.

니체는 32살이 되던 해에 바그너와 의절하고 말았다. 그의 오페라 〈파르시팔〉을 보고나서였다. 1886년이었다. 팽창을 거듭하던 프로이센이 독일 제국을 수립한 지 5년이 지난 해였다. 니체의 눈에 〈파르시팔〉은 독일 제국과 기독교에 대한 아부였다. 바그너는 그런 뜻이 아니라고 열심히 해명했지만 니체의 마음을 돌리진 못했다. 그래도 이 일이 니체에게는 중대한 전환점이 되었으니, 쇼펜하우어와 바그너를 넘어서게 된 순간이 이때였다.

니체는 점차 고독의 심연으로 빨려 들어갔다. 35세에는 몸도 머리도 더 약해졌다. 죽기 전에 인류의 미래를 제시하려면 더 이상 대학교 강단에 묶여 있을 수는 없다고 판단했다. 니체는 교수직을 때려치우고 철학 저술 활동에만 매진하기로 결심했다. 이때부터 니체는 야인으로 살다가 죽는다. 정신과 몸이 온전할 때에는 여행을 다니고, 아플 때에는 요양을 하는 생활을 반복했다. 니체는 여행하는 철학자였다.

니체 나이 38세에는 특별한 사건이 있었다. 친구였던 파울 레$^{Paul Rée}$에게 그를 만나고 싶어 하는 여인이 있다는 이야기를 들었다. 21살의 그녀는 지적이고 매력적이었다. 심지어 다들 미쳤다고 하는 니체의 철학책을 읽고 이해한데다가 매료되기까지 했다. 그녀의 이름은 루 살로메$^{Lou Andreas-Salomé}$다.

살로메가 누구인가. 수많은 남자에게 예술적 영감을 준 뮤즈이자 실연의 상처를 안겨준 마성의 팜므 파탈이 아닌가. 니체는 첫 만남에서 살로메에게 반한다. 이성에 매료되고 사랑에 빠진 유일무이한 순간이다.

어떤 운명적인 힘이 우리를 만나게 했나요?

그러나 이때쯤 니체는 이미 심신이 몹시 불안정한 상태였다. 사람들 앞에서 횡설수설하는 순간도 많았다. 치질 때문에 10분에 한 번씩 앉은 자세를 바꿔야 했기에 남자로서 매력을 느

나는 투쟁이다

끼기는 힘든 상대였다. 나이도 17살 차이였다. 불행인지 다행인지 살로메는 자유연애주의자에다가 프리섹스주의자였다. 그녀는 연인들을 '육체파'와 '지성파'로 물과 기름처럼 나누어 섭렵했다. 지성파 연인과는 사귀기만 할 뿐 육체관계는 맺지 않겠다는 게 살로메의 철칙이었다. 당연한 말이겠지만 니체는 지성파였다.

니체와 사귀며 지적 욕구를 채우기 시작하자, 정작 레가 하찮아진 살로메는 레에게 절교를 선언했다. 그런데 니체는 결혼을 하기 위해 친구 레를 청혼의 뜻을 전달하는 큐피트로 임명해 살로메에게 보냈다. 레는 니체의 편지를 전해주는 대신 자기가 청혼한다. 그리고 당연히 거절당했다. 무슨 바람이 불었는지 살로메는 절교했던 레를 통해 두 사람에게 파격적인 제안을 했다.

우리 셋이 동거하며 철학적 토론을 하는 삶을 살아봄이
어떠한지요?

니체와 레는 대경실색했지만 살로메의 제안을 수락하고 만다. 그녀와 한집에서 지낼 수만 있다면 감수하지 못할 일이 없어 보였다. 기묘한 동거 생활을 하며 니체와 레는 차례로 청혼했다가 차례로 차였다. 레는 결국 살로메와 철학에 대한 대화를 했던 절벽에 몸을 던져 자살했다.

삼각관계 연애 사건에는 오빠를 독점하고 싶던 여동생 엘리자베스도 끼어 있었다. 엘리자베스는 사정을 다 알게 되었으면서도 니체에게 사실은 레와 살로메가 오빠를 속이고 붙어먹는 사이라는 식으로 거짓말을 했다. 심신이 온전하지 못했던 니체는 그 말을 믿고 레와도 절교하고, 두 사람 모두를 비난하는 편지를 쓰기도 했다. 니체는 이후로 평생 독신을 결심했다. 엘리자베스가 바라는 바였다.

엘리자베스는 권위를 맹목적으로 추종하는 여자로 성장했다. 그녀의 첫 번째 우상은 니체였다. 두 번째는 남편 베른하르트 푀스터^{Bernhard Förster}였다. 직업이 교사였던 이 남자는 반유대주의자에 극우 독일민족주의자였으며 훗날 나치즘에도 영향을 끼쳤다. 순수 아리안 혈통이니, 유대인은 독일의 기생충이니 하는 나치의 수사는 이 사람의 작품이다. 엘리자베스가 푀스터와 결혼하겠다고 했을 때 니체는 분노했다. 니체는 알려진 것과는 달리 반유대주의자가 아니다. 외려 반유대주의자를 보면 총으로 쏴버리고 싶다고 할 정도로 차별주의자를 경멸했다. 헌데 하나뿐인 여동생이 저런 인간과 결혼하겠다니 황당한 노릇이었다.

1889년, 45세의 니체는 튜린을 여행하고 있었다. 걸을 때까지는 멀쩡했다. 그런데 길거리에서 마부에게 학대받는 말을 보

나는 투쟁이다

더니, 갑자기 말을 끌어안고 흐느끼다가 졸도했다. 깨어난 니체는 정신병자가 되어 있었다. 이 순간이 사실상 니체가 요절한 날이다. 생물학적으로는 11년을 더 살다 죽지만 철학자 니체는 말을 끌어안으며 사망했다. 다음은 이날 정신병자가 되자마자 쓴 편지의 일부다.

나는 인도에서는 붓다였고, 그리스에선 디오니소스였소.
알렉산더와 카이사르는 나의 현현이었으며 셰익스피어와
바콘 경도 마찬가지요. 근래의 나는 볼테르였으며
나폴레옹이었고 어쩌면 리하르트 바그너이기도 했소.
그러나 지금의 나는 무적의 디오니소스이며 지상에 축제를
불러오는 자요.

니체의 정신병의 원인에 대해 독일 의학계는 2003년에 매독 설을 뒤집고 뇌종양 설을 제시했다. 2004년에는 《텔레그래프》지에 연구 내역이 발표되었다. 뇌종양의 원인은 거슬러 올라가면 아버지에게 물려받은 뇌의 혈관 문제로 추정된다. 뇌종양에 의한 발병이 현재의 정설이며, 매독 설이 비집고 들어올 틈은 거의 없어 보인다. 얄궂게도 니체가 정신병자가 되고 나자 그의 철학은 주목받기 시작했다. 스스로 예상한 백년보다 훨씬 빠른 시점이었다. 죽을 때쯤 그의 사상은 국제적인 명성을 얻었지만 니체 본인은 성공을 확인할 수 없었다.

여동생 엘리자베스는 극우주의자인 남편이 추종하는 남성적 권위에 사로잡혀 그의 사이비 사상을 추종하게 되었다. 푀스터는 '누에바 게르마니아Nueva Germania'라는 정신 나간 계획을 세웠다. 누에바 게르마니아의 내용은 이렇다. 유대인 없는 순수한 아리안족의 거주지를 건설하기 위해 파라과이의 적당한 땅을 산다. 거기서 번성해 독일 민족의 생존 공간을 확보하는 동시에 아리아 인종의 우수성도 보여주겠다는 것이다. 그리고 실행에 옮겼다. 1887년, 베른하르트는 14가구의 독일인 가족을 모아 파라과이 정부에서 산 땅으로 정착을 시작했다. 물론 엘리자베스도 남편을 따라갔다.

독일인의 우수한 농법은 파라과이의 기후에 맞지 않았다. 파라과이 땅은 원주민들이 잘 알았다. 그렇다고 '열등 인종'인 원주민의 지혜를 빌리는 굴욕을 아리안족의 자존심이 허락할 수 없었다. 독일인들은 순식간에 굶주림과 질병에 시달렸다. 실패했으면 재빨리 고국에 돌아가면 그만인데 그러기도 싫었던 모양이다. 어떤 사람들에게는 삶보다 자존심이 더 중요하다. 베른하르트는 정착 2년 후에 음독자살했다. 남은 독일인들은 자살하기도 하고 죽기도 하며 와르르 몰락했다. 과부가 된 엘리자베

311

스는 남편이 죽은 뒤 4년을 더 버티다가 독일로 돌아왔다.

니체는 어머니의 보살핌과 정신병원을 오가고 있었다. 엘리자베스는 늙고 지친 어머니 대신 오빠를 독점해서 보살피는 데 성공했다. 드디어 오랜 숙원을 풀었다. 여자들이 오빠 하나를 둘러싸고 암투를 벌였던 어린 시절을 뒤로 하고 이제는 자신만이 승자로 남았다. 아이러니하게도 니체는 정신병에 걸린 후 명성을 얻었으니 지식인들은 엘리자베스만 바라보게 되었다. 니체의 남은 원고가 그녀의 손에 있었기 때문이다. 엘리자베스는 희열에 넘쳐 선언했다.

니체는 살아 있을 때는 물론이고 죽은 후에도 나의 남자다.

엘리자베스에 의해 니체는 나치 독일의 정신적 선배로 오인되고 말았다. 엘리자베스는 남편에 의해 이식된 극우주의 사상에 따라 니체의 유고를 짜깁기해《힘에의 의지^{Der Wille zur Macht}》라는 책을 출판했다. 나중에는 나치 간부들도 손을 댔다. 나치 독일 시절 이 책은 '독일 정신'의 교과서였다. 니체가 말한 권력에의 의지, 압도적인 힘은 아리안 종족과 히틀러로 설명되었다. 엘리자베스는 나치당 초창기부터 나치와 돈독한 관계를 유지하며 존경받았다. 1935년 그녀가 사망했을 때에는 히틀러가 장례

Der Wille zur Macht

《권력에의 의지》는 위서다.

니체는 《차라투스트라는 이렇게 말했다》를
출간한 후, 스스로 생각해도 너무 함축적이고
난해한 내용을 일반적인 철학서의 형태로
풀어서 논증하고 설명해줄 책을 따로 기획했다.
이 책의 제목으로 낙점한 것이 《Der Wille zur
Macht》였다. 'Macht에의 의지'다.

Macht는 권력, 권세, 지배력, 힘 등을 뜻한다.
여기서는 모든 의미를 포괄하는 '힘'으로
번역하는 편이 옳다. '힘에의 의지'는 니체가
인간과 세계의 존재 원리를 설명하기 위해
제시한 개념이다.

니체는 《힘에의 의지》를 쓰다가 포기하고 말았다.
엄밀한 철학적 글쓰기는 해본 적도 없을 뿐더러,
금세 피로해지는 약한 뇌로는 치밀한 작업을
수행할 수 없었다. 따라서 《힘에의 의지》란 책은
없다. 한국어로 《권력에의 의지》라는 이상한
번역으로 오랫동안 니체의 책으로 남아 있었던
이유는 여동생 엘리자베스 탓이다. 그녀의
입맛대로 《권력에의 의지》라 하든, 《힘에의
의지》라 고쳐 부르든 이 책은 정본이 아니라
위서다.

식에 참석했다.

엘리자베스는 '니체 문서 보관소'를 설립해 생전에 위서를 둘 끼워 넣고 니체 전집을 발간했다. 다른 하나의 정체는《나의 여동생과 나》이다. 이 책을 보면 니체는 엘리자베스를 여자로서, 그러니까 성적으로도 사랑했다고 나온다. 지금은 여동생의 흔적을 지운 니체 전집 정본이 수립된 상태다. 유럽의 문헌학자들이 꽤나 고생해준 덕이다. 당연히《권력에의 의지》와《나의 여동생과 나》는 삭제되어 있다. 니체는 문헌학자들을 '두더지'라 경멸했지만 결국은 그들의 도움을 받았으니 아이러니한 일이다.

니체는 언제 와장창 잃을지 모르는 건강 때문에라도 더 치열하게 사유하고 썼다. 1881년 문예비평가 겸 철학자인 기오 브란데스 Georg Brandes 에게 보낸 편지의 내용은 니체가 자신의 철학을 남기기 위해 뇌종양에 맞서 얼마나 처절히 사투했는지를 알려준다.

> 수년간 지속된 만성 두통이 어느 해에는 200여 일간이나
> 지속되어 극심한 고통에 시달리기도 했습니다. … 쓰디쓴
> 담즙을 연발적으로 구토하며 2~3일 동안이나 … 극심한
> 고통을 겪으면서도 완전한 정신을 유지하는 일이야말로
> 나의 특기입니다.

사람들은 내가 정신병원에 있다느니, 혹은 정신병원에서 죽었다느니 하는 소문을 떠들지만 … 나의 정신은 혹독한 시간에 성숙해왔습니다. … 믿기지 않는 고통을 겪으며 《서광》을 집필했습니다.

아버지는 아주 젊을 때 돌아가셨는데, 당시의 연령이 바로 내가 사경을 헤매는 때의 연령이었습니다. … 나는 오늘도 꽤나 조심해야 합니다.

그러나 고통이 운명이라면 인간은 그런 운명 속에서도 실존을 확보해야 한다. 질병을 대하는 니체의 당당함은 감동적이다.

질병은 나를 해방시켰고 '나 자신'이 되는 용기를 복돋아주었습니다. … 나는 용감한 동물도, 심지어 군인도 될 수 있습니다. 당신은 내가 철학자인지 물어보셨죠? 내가 철학자인지 아닌지는 중요하지 않습니다.

인간의 정체성은 그 무엇보다 먼저 '인간'이다. 모든 이는 하나의 인간으로 고통과 부조리 속에 내던져진다. 그러한 인간에게 주어진 과제는 초인이되 인간적 초인, '위버멘쉬^{Übermensch}'

가 되는 길이다.

니체는 1900년에 사망했다. 20세기 정신의 창조자가 죽은 해치고는 공교롭고도 계시적이다.

초인의 탄생

니체는 형이상학을 거부했다. 인간의 존재 근거는 형이상학이 아닌 인간 스스로다. 니체는 인간은 세 가지 요소로 이루어진다고 말했다. 이성과 육체와 의지다. 그는 이성을 부정하지 않았다. 다만 인간이 타고나는 재능 정도지 우주의 형이상학적 세계에서 빌려온 보물이 아니다. 이성만큼이나 육체도 중요하다. 이성과 육체에 의지라는 재료가 더해져 인간을 꿈틀거리는 생명의 덩어리로 빚어낸다. 그 의지란 '힘에의 의지'이다.

이 세계는 힘에의 의지다. 그 외에 다른 것이 아니다.

힘에의 의지는 상승, 지배, 강화를 위한 에너지다. 중력은 물

나는 투쟁이다

질을 지상에 붙잡아놓으려고 쉼 없이 작용하는 중이다. 이것이 중력의 의지다. 뜨거운 물질은 계속 위로 올라가려고 하고 이 때문에 대류 현상이 생긴다. 생물은 생존과 생식과 번성을 향해 끊임없이 욕망한다.

인간도 마찬가지다. 인간은 이성이라는 도구를 쥐고 산다. 쉽게 말해 똑똑해서 원하는 것이 참 많다. 주목받고 싶어 하고 육체적으로 건강하고 싶어 하고 심리적으로는 남에게 영향력을 끼치고 싶어 한다. 이 모든 것이 '일부러' 단순화시키면 상승, 강화, 지배의 의지로 수렴된다. 힘에의 의지는 그 자체로 옳거나 그르지 않다. 그저 존재하는 것이며, 따라서 자각하고 활용할 일이지 추종의 대상이 아니다.* 힘에의 의지로 움직이는 세계에 신이 설 자리는 없다.

모든 신은 죽었다. 이제 우리는 위버멘쉬가 등장하기를 바란다. 이것이 언젠가 우리가 위대한 정오를 맞이하여 갖게 될 마지막 의지가 되기를.

정오는 그림자가 가장 짧은 시점이다. 플라톤이 말한 '이데

* 오해하면 나치즘과 비슷한 길로 빠진다.

니체

아의 빛에 의해 드리워진 그림자'이며 현실 세계다. 니체가 살해한 신은 종교의 신만이 아니다. 신의 그림자까지 포함한다. 신을 대체한 헤겔의 가이스트도 살해 대상이다. 이데아의 세계도 마찬가지다. 니체의 과녁은 이원론적 사고방식 자체다. 도덕관념마저도 파괴한다. '선 그 자체'와 '악 그 자체'의 개념도 형이상학적 이원론이기 때문이다.

인간은 인기를 원할 수도 있고 돈을 원할 수도 있으며 동성애를 원할 수도 있다. 모두 힘에의 의지이자 충동이다. 이 세계는 '가치중심적'이지 않고 '욕망중심적'이다. '나는 소중하다'는 말은 곧 '내 욕망은 소중하다'는 뜻이다. 타인도 소중하다. 그들도 욕망의 주체다. 왜 타인을 존중하는가. 알고 보면 착하고 잘하는 일이 있어서가 아니다. 나처럼 비린내 나는 똑같은 욕망의 주인이기 때문이다. 그들도 당당한 세계의 구성원이다.

힘에의 의지의 세계는 관계의 세계다. 힘에의 의지가 곧 욕망이기 때문이다. 도덕이란 것이 있을 거라 착각하지만, 실은 없다. 걷잡을 수 없이 불온해 보이지만 이것이 현대적인 윤리관의 밑그림이다. 모든 인간은 이 세상을 만드는 데 동등하게 참여한다. 예를 들어 지금 이 순간의 세계는 내가 죽지 않고 살아 있기 때문에 이 세계이다. 만약 내가 우울증을 이기지 못하고 자살이라도 하면 나 없는 세계로 '변질'된다. '지금 이 순간의 세계'

나는 투쟁이다

에 창조주가 아닌 이는 없다. 모든 인간은 동등하다. 니체는 외친다.

있는 것은 아무것도 버릴 것이 없으며 없어도 좋은 것은 없다.

디오니소스적 긍정은 현실을 살아가는 불완전한 존재인 자신에 대한 긍정이다. 내가 아닌 다른 사회구성원을 인정해야 하는 이유는 그가 괜찮은 사람이고, 정의의 편이고, 정치적으로 우리 편이라서가 아니다. 니체의 긍정은 조건부 긍정이 아니다. 가치 있는 사람과 그렇지 않은 이를 구분할 자격은 누구에게도 없다.

니체는 도덕을 부정하지도, 도덕적으로 살면 안 된다고 하지도 않았다. 객관적이고 선험적인 도덕 원칙, '선 그 자체'라는 허상을 지웠을 뿐이다. 그에게 도덕은 '그냥 있는 것'이 아니라 '끊임없는 해석의 대상'이다. 욕망과 욕망이 충돌할 때, 전쟁을 갈등으로, 갈등을 타협으로 이끌어내는 행위가 정치이자 현대 시민 사회다. 이것이 '해석으로서의 도덕'이다. 이런 면에서 니체의 철학은 스피노자의 윤리학과 놀랍도록 비슷하다. 차이점이라면 '망치를 든 철학자', '철학의 다이너마이트'라는 별명답게

Der Wille zur Macht

니체는 인간과 자연 모두를 '힘에의 의지'라는
개념으로 설명하려고 한다. 그러기 위해서
원리를 단순화해 하나의 개념으로 통합했다.
헤겔은 세계의 본질을 물질성이 아니라
운동성으로 보았고 니체는 힘에의 의지로
보았다. 물리법칙과 인간의 본능은 원리가
다르지만, 니체는 자신의 철학을 전달하기 위해
의도적으로 한 용어로 획일화했다.

니체는 파괴하고 잔해를 치우는 일에 주력했다는 점이다.

니체는 여성혐오적 언어를 함부로 썼지만 실제로는 여성을 혐오하지 않았다. 여성이나 남성이나 똑같은 인간이며, 자신의 인격으로 실존을 외면하지 않으면 그의 책 제목 그대로《인간적인 너무나 인간적인》존재다. 유대인도 혐오하지 않았다. 다만 유대인 비판은 진심이었으니, 이는 기울어진 운동장에서도 거꾸로 난 경사는 있기 때문이다. 그는 유대인이 누리는 기득권, 즉 '고리대금업'이라는 삶의 방식을 혐오했다. 기울어진 운동장이라고 해서 유대인이 하는 모든 일을 불쌍하다고 정당화해주면 이야말로 유대인을 노예 취급하는 행동이라 여겼다.

신도 도덕도 잃은 인간에게 남은 것은 스스로밖에 없다. 인간은 초인이 될 운명을 타고났다. 위버멘쉬다.

위버멘쉬는 인간이라는 먹구름을 뚫고 내리치는 번갯불이다.

사람은 짐승과 위버멘쉬 사이를 잇고 있는, 심연 위에 걸쳐진 하나의 밧줄이다.

인간은 위버멘쉬일 때만 온전한 인간이다.

니체

보라, 나 그대들에게 위버멘쉬를 가르치려네.

위버멘쉬는 대지의 뜻이네. 그대들의 의지로 하여금

말하도록 할. 위버멘쉬가 대지의 뜻이 되어야 한다고!

형제들이여, 맹세코 대지에 충실하라.

대지는 현실이자 인간 세상이다. 인간이 인간과 어울려 살아야 하는 공간이다. 어울림에는 색안경이 없어야 한다. 위버멘쉬는 자신과 타인에 대한 편견이 없는 사람이다. 그는 힘에의 의지를 갖고 있기에 자기의 현재를 넘어 언제나 그 다음을 추구하는 존재다.

보라, 나는 끊임없이 스스로를 극복해야 하는 존재다.

위버멘쉬는 타인에게 관대하고 자신에게 엄격하다. 남도 위버멘쉬가 될 수 있으니 존중해야 하고, 나 역시 스스로의 편협함과 타인에 대한 이해의 부족을 깨달아야 위버멘쉬가 될 수 있으니 이 둘은 하나다. 결국 내 자신과 타인 모두를 있는 그대로 긍정하며 내가 처한 현실에 충실해야 한다. 니체는 치열한 '주인의 삶'을 살라고 명령한다. 우리는 자기 삶의 주인이자 세계의 중심이다. 계속해서 탈피해야 한다. 어제의 나를 졸업하고 더 뜨거운 오늘을 살아야 한다.

**사람은 극복되어야 할 그 무엇이다. 너희는 이 거대한
밀물을 맞이하여 썰물이 되기를 원하는가?**

니체는 위버멘쉬가 되는 법을 우화로 함축했다.

**나 이제 그대들에게 이야기하려네. 정신이 어떻게 낙타가
되고 낙타가 어떻게 사자가 되고 사자가 어떻게 어린아이가
되는지를.**

위버멘쉬는 예술가다. 니체는 가장 숭고한 삶은 놀이와 같
은 삶이라고 했다. 여기서 알 수 있겠지만 그의 철학에는 집단성
이 없다. 어울림, 존중, 이해는 있어도 협동과 의무는 보이지 않
는다. 도덕은 끝없는 해석이라고 할 때, 끝이 없다는 것은 동작
이다. 해석의 바퀴를 멈추면 넘어진다. 니체는 이타적이 되지 말
라고 한다. 인간은 이기적이고 그런 자신을 긍정해야 한다. 그러
나 남의 이기심도 인정하고 끝없이 합의하려는 '귀족적 정신'을
지녀야 한다. 이것이 '건강한 이기심'이며 인간 도덕의 시작과
끝이다.

永遠回歸

영원회귀는 니체 철학을 상징하는 용어 중
하나다. 지금 이 인생을 앞으로도 영원히 살고
또 살고를 반복할 수 있도록 만족스럽게 살라는
의미다. 그러나 현실에서 만족스러운 인생과
즐겁기만 한 하루는 드물다. 더 구체적으로
설명하자면 니체의 영원회귀는 '조금이라도 더
만족스럽기 위해 최대한 노력하라'는 의미다.

니체는 인간 개인의 문제에 천착했기에 공동체에는 관심이 없었다. 이 점에서는 스피노자와 정반대다. 민주주의를 싫어했고 민족주의와 제국주의는 더욱 혐오했다. 니체는 자신의 사상을 미완결인 채로 세상에 던져놓았다. 그가 남긴 과제는 아직도 해결이 난망하다. 미셸 푸코^{Michel Foucault}는 《감시와 처벌》로, 마르틴 하이데거^{Martin Heidegger}는 현상학으로 각각 그의 선언에 답했다. 20세기 서양 사상은 니체가 피운 불씨가 피어오른 결과다. 니체는 예민한 폭탄과 같아서 숙련자가 아닌 한 자칫하면 불온한 폭발을 일으킬 수 있다. 그러나 니체의 숙제는, 우리가 어떻게 풀든 목표가 분명하다. '인간성 회복'이다.

오늘을 사는 우리는 어제에 사로잡혀 있을 수도 있고 어제와 싸울 수도 있다. 오늘의 내가 승자인지 패자인지는 알 수 없다. 우리는 매일 차라투스트라가 거닐었던 광활한 사막에서 주먹을 쥐고 홀로 서서 투쟁한다. 그러나 사막이 외롭지만은 않다. 가장 든든한 전우도 최강의 적도 찾아보면 바로 눈앞에 있다. 바로 나 자신이다.

개인이 개인에게 드리는 개인의 이야기를 마치며

낯선 거리를 헤맬 때면 외롭습니다. 생소한 간판, 눈을 마주치지 않고 지나쳐가는 행인, 발걸음보다 빨리 거리를 관통해 사라지는 자동차의 바퀴가 풍기는 기계의 냄새는 고독감을 부추깁니다. 그러나 낯익은 거리를 헤매는 일이야말로 진정 외롭습니다. 그럴 때면 오래된 잠자리의 익숙한 이불 안도 출구를 알 수 없는 검은 미로가 됩니다.

어디로 튈지 모르는 럭비공 같은 마음을 단단히 붙잡기 위해 무던히도 애를 썼습니다. 무슨 일을 해야 미래를 준비할 수 있을지 알 수 없는 불확실함, 언제쯤 과연 행복할 수 있을까 싶어 고개를 젓는 불안, 범죄에 의해 가족을 잃은 사건, 그로 인해

가슴 속에 똬리를 튼 뱀처럼 자라난 주체할 수 없는 분노와 세상에 대한 불신. 이 모든 결핍과 상실 속에서 저는 두서없이 산책로를 헤매곤 했습니다. 후미진 근린공원의 벤치에서 저는 아무런 결론도 내리지 못하는 나날을 보냈습니다.

철지난 전공인 철학이 되살아나 제게 물었습니다. '나는 누구인가?', '어떻게 살아야 하는가?', '나는 이 세상에 계속 살아 있어도 되는 존재인가?' 도망치려 해도 피할 수 없으니 질문에 똑바로 마주설 수밖에 없었지요. 철학자들의 도움을 받아보기로 했습니다. 그렇게 읽고 쓰다 보니 자연스레 집필이 시작되었습니다. 지금까지 만나 보신 6명의 철학자는 우리가 누리는 문명과 문화, 그리고 사고에까지 강력한 영향을 끼친 이들입니다. 그러나 위대한 인물이기 이전에 각자 하나의 개인이었습니다.

데카르트는 어린 시절 어른들을 귀찮게 했던 것처럼 세상을 귀찮게 하는 데 주저함이 없었습니다. '왜?'라는 질문은 유치하지만 순수합니다. 그는 감히 모든 것을, 질서까지도 의심하는 도발을 통해 거꾸로 의심할 수 없는 존재 하나를 건져냈지요. 바로 세상의 중심이자 범접할 수 없는 주체인 '나'입니다.

맺는말

스피노자는 데카르트의 '나'를 현대적 개인으로 빚어냈습니다. 스피노자의 삶은 '개인주의자 선언'입니다. 그는 개인에게 이기적으로 살 권리를 부여했습니다. 스피노자는 자유, 인권, 평등의 철학을 위해 기꺼이 소외당하는 삶을 받아들인 위대한 개인이자, 어쩌면 최초의 개인입니다. 칸트는 스피노자의 개인에 도덕적 확신을 입혔지요. 헤겔은 조금 더 복잡합니다. 그의 개인은 노력하는 존재입니다. 개인사는 인류사와 연결되어 있으며, 그래서 인간은 역사의 도구이기도 하고 결과이기도 합니다. 그런가 하면 쇼펜하우어는 인간을 숲 속을 거니는 고독한 짐승으로 되돌려놓았습니다.

스스로를 사랑하지 못하는 사람은 타인도 사랑할 수 없다고 하지요. 쇼펜하우어의 철학에 따라 저를 제외한 인간 전반에 대해 억지로 예의를 갖추던 시간이 있었습니다. 저는 이때를 부정하지 않습니다. 소중하고 필요한 시간이었습니다. 그 다음, 니체의 읊조림대로 인간과 세계를 이해하고 사랑함으로써 저를 가둔 증오의 철창을 구부릴 수 있었습니다. 저는 가끔 성공하고 자주 실패합니다. 그래서 오늘 인간에 대한 애정을 놓치더라도, 내일 성공할 수 있기에 좌절하지 않고 잠을 청할 수 있습니다.

개인이 개인에게 드리는 개인의 이야기를 마치며

니체의 철학은 투쟁적입니다. 그런데 그가 말하는 투쟁은 나 자신과의 투쟁입니다. 나 자신의 부족함과 싸우라는 것이지요. 타인과 세상을 이해하려고 노력하면 스스로를 긍정할 수 있는 공간도 늘어납니다. 존재가 발을 뻗고 누울 자리를 확보하는 것이지요. 니체는 어제의 껍질을 깨고 오늘 어린아이가, 오늘의 한계를 벗어나 내일 진화된 존재가 되라고 했습니다.

이 책은 개인이 개인에게 드리는 개인의 이야기입니다. 위대한 철학자들, 그들도 인간의 숙명에 따라 때로 혹은 자주 흔들리는 개인이었습니다. 그들은 그들입니다. 나는 나 자신입니다. 독자 여러분은 당신 개인입니다. 개인은 현실에 부딪혀 쓰러지면서도 다시 일어날 수밖에 없는 운명을 지고 태어났습니다. 우리는 모두 각자이기에 제멋대로 스스로를 규정하고 이끌어갈 용기를 가져야 합니다. 겁을 먹을지언정 움츠러들기만 할 수 없습니다. 어느 시점에서는 회피가 불가능해집니다.

우리가 함께 살펴본 철학자들은 우리를 위해 존재합니다. 그들은 저마다의 이유로 치열하게 살다 갔지만, 적어도 우리는 우리 자신을 위해 그들을 소환했습니다. 그들은 도구입니다.

사슴을 향해 돌창을 겨누는 원시인처럼 우리는 목적을 향해 도구를 쥐어듭니다. 나의 목적은 나입니다. 내가 누구인지 규정할 수 있는 창조주는 나밖에 없습니다. 우리는 우리 자신의 피부를 백지 삼아 선언문을 작성해야 합니다. 내가 누구인지 결정할 이는 나뿐이라고 말입니다. 그리하여 알 수 없는 미래를 살아가 볼 의지가 있다면, 이해하고 사랑하고 행복하기로 결심합시다. 한 권의 책이 끝나기까지 이야기에 함께해준 여러분께 감사합니다.

어느 해보다 뜨거운 여름에

홍대선 드림

참고문헌

데카르트

르네 데카르트, 《성찰》, 이현복 옮김, 문예출판사, 1997

—————, 《방법서설》, 이현복 옮김, 문예출판사, 1997

B. 스피노자, 《데카르트의 철학의 원리》, 강영계 옮김, 서광사, 2016

Stephen Gaukroger, *Descartes: An Intellectual Biography*, Cambridge University Press, 2002

스피노자

B. 스피노자, 《신학 – 정치론》, 강영계 옮김, 서광사, 2017

—————, 《정치학 논고》, 강영계 옮김, 서광사, 2017

—————, 《신과 인간과 인간의 행복에 대한 짧은 논문》, 강영계 옮

김, 서광사, 2016

_____,《지성개선론》, 강영계 옮김, 서광사, 2015

_____,《에티카》, 강영계 옮김, 서광사, 2007

Benedictus De Spinoza, *Ethics*, W.H. White / A.H. Stirling, Bibliophile Books, 2001

알렉상드르 마트롱,《스피노자 철학에서 개인과 공동체》, 김은주 외 옮김, 그린비, 2008

손기태,《고요한 폭풍, 스피노자》, 글항아리, 2016

Steven Nadler, *Spinoza: A life*, Cambridge University Press, 2001

칸트

임마누엘 칸트,《순수이성비판》1~2, 백종현 옮김, 아카넷, 2006

_____,《실천이성비판》, _____, 아카넷, 2009

_____,《판단력비판》, _____, 아카넷, 2009

_____,《윤리 형이상학 정초》, _____, 아카넷, 2005

박찬구,《칸트의 도덕 형이상학 정초 읽기》, 세창미디어, 2014

프레드릭 C. 코플스턴,《칸트》, 임재진 옮김, 서광사, 2017

데이비드 흄,《인간이란 무엇인가 – 오성, 정념, 도덕 본성론》, 김성숙 옮김, 동서문화사, 2016

Manfred Kuehn, *Kant: A Biograbpy*, Cambridge University Press, 2001

헤겔

게오르그 빌헬름 프리드리히 헤겔,《정신현상학 1~2》, 임석진 옮김, 한
　길사, 2001

─────────────────────── ,《역사철학강의》, 권기철 옮김, 동서
　문화사, 2008

─────────────────────── ,《법철학》, 임석진 옮김, 한길사, 2008

─────────────────────── ,《헤겔 예술철학》, 한동원·권정임 옮
　김, 2008

Terry Pinkard, *Hegel : A Biography*, Cambridge University Press, 2001

쇼펜하우어

Arthur Schopenhauer, *The World as Will and Representation*, Vol. 1~2, E.
　F. J. Payne 옮김, Falcon's Wing Press, 1958

─────────────── , *Parerga and Paralipomena: Volume 1~2 :
　Short Philosophical Essays*, Sabine Roehr / Christopher Janaway,
　Cambridge University Press, 2016

David E. Cartwright, *Schopenhauer: A Biography*, Cambridge University
　Press, 2010

니체

프리드리히 니체,《바그너의 경우, 우상의 황혼, 안티크리스트, 이 사람을 보라, 디오니소스 송가, 니체 대 바그너 (1888~1889)》, 백승영 옮김, 책세상, 2002

─────────,《선악의 저편, 도덕의 계보》, 김정현 옮김, 책세상, 2002

─────────,《짜라두짜는 이렇게 말했지》, 백석현 옮김, 야그, 2007

─────────,《차라투스트라는 이렇게 말했다》, 장희창 옮김, 민음사, 2004

─────────,《비극의 탄생》, 박찬구 옮김, 아카넷, 2007

기오 브란데스,《니체: 귀족적 급진주의》, 김성균 옮김, 까만양, 2014

백승영,《니체, 디오니소스적 긍정의 철학》, 책세상, 2005

뤼디거 자프란스키,《니체: 그의 사상의 전기》, 오윤희·육혜원 옮김, 꿈결, 2017

Lou Salome, *Nietzsche*, Siegfried Mandel, First Illinois Paperback, 2001

통서

프레드릭 C. 코플스턴,《18·19세기 독일철학》, 표재영 옮김, 서광사, 2008

─────────,《영국경험론》, 이재영 옮김, 서광사, 1991

─────────,《합리론》, 김성호 옮김, 서광사, 1998

고사카 슈헤이, 《철학사 여행》, 방준필 옮김, 변영우 그림, 간디서원, 2011

요한네스 힐쉬베르거, 《서양철학사》上~下, 강성위 옮김, 이문출판사, 1997

박찬구, 《개념과 주제로 본 우리들의 윤리학》, 서광사, 2014

빌헬름 바이셰델, 《철학의 뒤안길》, 이기상 옮김, 서광사, 1991

기타

조영래, 《전태일 평전》, 돌베개, 2001

Dr. Dimitri Hemelsoet, M.D, *The neurological illness of Friedrich Nietzsche*, Ghent University Hospital, 2008

어떻게 휘둘리지 않는 개인이 되는가

6인의 철학자가 삶으로 입증한
견고한 나 되는 법

첫판 1쇄 펴낸날 2018년 7월 30일
　　6쇄 펴낸날 2023년 3월 27일

지은이 홍대선
발행인 김혜경
편집인 김수진
편집기획 김교석 조한나 김단희 유승연 김유진 임지원 곽세라 전하연
디자인 한승연 성윤정
경영지원국 안정숙
마케팅 문창운 백윤진 박희원
회계 임옥희 양여진 김주연

펴낸곳 (주)도서출판 푸른숲
출판등록 2003년 12월 17일 제2003-000032호
주소 서울시 마포구 토정로 35-1 2층, 우편번호 04083
전화 02)6392-7871(마케팅부), 02)6392-7873(편집부)
팩스 02)6392-7875
홈페이지 www.prunsoop.co.kr
페이스북 www.facebook.com/prunsoop　인스타그램 @prunsoop

ⓒ홍대선, 2018
ISBN 979-11-5675-756-6(03100)